EXPERIMENTOS AO AR LIVRE COM O Manual do Mundo

Título original: *Outdoor Maker Lab*
Copyright © 2018 por Dorling Kindersley Limited
Uma empresa da Penguin Random House
Copyright da tradução © 2021 por GMT Editores Ltda.

Todos os direitos reservados. Nenhuma parte deste livro pode ser utilizada ou reproduzida sob quaisquer meios existentes sem autorização por escrito dos editores.

Tradução Nina Lua
Preparo de originais Sheila Louzada
Revisão Luis Américo Costa e Luíza Côrtes
Adaptação de capa e miolo Ana Paula Daudt Brandão
Designer sênior Michelle Staples
Editora-chefe Amanda Wyatt
Designers Nicola Erdpresser, Sean Ross
Ilustrador Edwood Burn
Gerente editorial Lisa Gillespie
Gerente editorial de arte Owen Peyton Jones
Produtor, pré-produção Andy Hilliard
Produtor sênior Alex Bell
Designers da capa Mark Cavanagh, Suhita Dharamjit, Juhi Sheth
Gerente de desenvolvimento de design da capa Sophia MTT
Gerente editorial de capas Saloni Singh
Coordenadora editorial de capas Priyanka Sharma
Editora de capas Claire Gell
Designer de editoração eletrônica de capas Rakesh Kumar
Pesquisadora de iconografia Laura Barwick
Publisher Andrew Macintyre
Diretora-geral Liz Wheeler
Diretora de arte Karen Self
Diretor editorial Jonathan Metcalf
Redator e consultor Jack Challoner
Fotógrafo Dave King
Impressão e acabamento Bartira Gráfica

CIP-BRASIL. CATALOGAÇÃO NA PUBLICAÇÃO
SINDICATO NACIONAL DOS EDITORES DE LIVROS, RJ

T353e
    Thenório, Iberê
        Experimentos ao ar livre com o Manual do Mundo / [Iberê Thenório, Mari Fulfaro] tradução Nina Lua. - 1. ed. - Rio de Janeiro : Sextante, 2021.
        144 p. : il. ; 28 cm.

    Tradução de: Outdoor maker lab
    ISBN 978-65-5564-222-3

    1. Ciência - Experiências - Manuais, guias, etc. 2. Ciência recreativa - Manuais, guias, etc. I. Fulfaro, Mari. II. Lua, Nina. III. Título.

21-72957   CDD: 507.24
                                                                            CDU: 5-047.42

Meri Gleice Rodrigues de Souza - Bibliotecária - CRB-7/6439

Todos os direitos reservados, no Brasil, por
GMT Editores Ltda.
Rua Voluntários da Pátria, 45 – 14º andar – Botafogo
22270-000 – Rio de Janeiro – RJ
Tel.: (21) 2538-4100
E-mail: atendimento@sextante.com.br
www.sextante.com.br

Para mentes curiosas
www.dk.com

EXPERIMENTOS AO AR LIVRE COM O Manual do Mundo

SEXTANTE

SUMÁRIO

6 Apresentação

9 OBSERVATÓRIO DA NATUREZA
10 Periscópio
16 Alimentador de borboletas
21 Minhocário
26 Garrafas de erosão
32 Jardineira sem terra
36 Sementeiras
40 Fungos de pote

45 O MUNDO DO CLIMA
46 Barômetro
50 Pluviômetro
54 Termômetro
58 Anemômetro
66 Rochas rachadas

73 O PODER DA ÁGUA	**103** TERRA E CÉU
75 Bolhas gigantes	104 Helicóptero rodopiante
80 Redemoinho giratório	108 Pipa
86 Admirável água	116 Canhão de ar
88 Potes de água salgada	122 Lindos geodos
90 Garrafa alfinetada	128 Localizador de latitude
92 Sorvete	134 Relógio de sol
98 Pedras marmorizadas	
	138 Moldes
	141 Glossário
	143 Agradecimentos

APRESENTAÇÃO

O Manual do Mundo tem 13 anos de existência, mas nosso fascínio pela ciência vem de muito tempo antes, quando ainda éramos crianças. Sempre gostamos de explorar o funcionamento de tudo e desvendar os mistérios por trás de cada detalhe. Se este livro está nas suas mãos, apostamos que você é tão curioso quanto nós.

Depois do sucesso de *50 experimentos para fazer em casa*, apresentamos aqui 24 atividades para realizar ao ar livre. Este livro é perfeito para você começar a explorar a infinidade de elementos fascinantes do mundo natural – desde a água, que está presente no nosso dia a dia, até fenômenos mais raros, como tornados e rochas que racham sozinhas.

Você não precisa acampar nem nada: pode aproveitar o jardim da sua casa, a varanda, o pátio do prédio ou um parque local. O importante é deixar as telas de lado um pouquinho e partir na exploração da ciência.

Todas as atividades selecionadas são de observação do mundo à nossa volta e vão ajudar você a entender melhor como a natureza e a ciência funcionam. Algumas servem para medir e registrar o clima, outras exploram como as plantas crescem e outras, ainda, como os animais se comportam. Vai dizer que você não olha essas coisas e se pergunta por que são assim?

Todas estas atividades são muito divertidas, mas a segurança é importante. Nenhuma delas é perigosa, só que algumas vão precisar da ajuda de um adulto. Ah, não tenha medo de fazer pequenas modificações, pois é assim que as pesquisas científicas são feitas. Lembre-se que dificuldades fazem parte do processo. A cada vez que falhamos em algum experimento, temos a chance de aprender mais, de corrigir o que deu errado e tentar de novo.

Uma dica: procure trabalhar com precisão. Ou seja, você vai ter que tomar muito cuidado para traçar linhas retas, ajustar os ângulos exatos, medir certinho os tamanhos, como indicado no passo a passo de cada atividade. Você também vai precisar conferir bem os números e as linhas nos projetos que construir. Isso é essencial na ciência, porque só com medidas exatas podemos descobrir quanto algo mudou, cresceu ou diminuiu.

Esperamos que você aproveite muito este livro. Se já nos acompanha no canal, deve estar acostumado a realizar atividades desse tipo e está doido para começar. Se não acompanha, o que está esperando? Lá tem muito mais atividades incríveis como estas.

Bom, não vamos segurá-lo mais. Escolha logo seu primeiro experimento e aproveite as maravilhas da natureza.

Iberê Thenório & Mari Fulfaro
2021

OBSERVATÓRIO DA NATUREZA

Estudar seres vivos é uma parte fascinante da ciência. Neste capítulo, você vai cultivar plantas sem terra, construir vasos reciclados e aprender sobre o poder das raízes. Também conhecerá mais sobre os animais fazendo um alimentador de borboletas, uma casa para minhocas e até um periscópio para observar os bichos sem que eles notem sua presença. Além disso, vai investigar os fungos cultivando micélio em papelão.

Pássaros e outros animais costumam se esconder quando notam a presença de um ser humano. Com seu periscópio, você vai poder chegar mais perto sem que eles percebam.

PERISCÓPIO

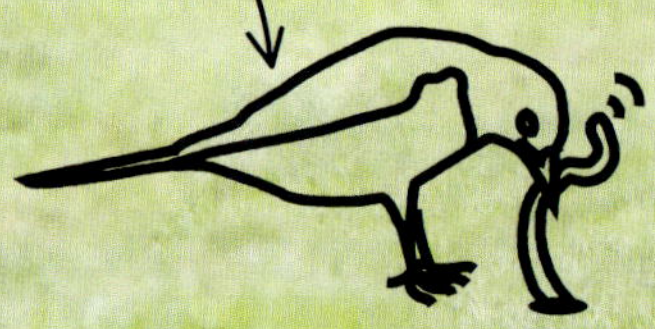

Você já tentou observar aves ou outros animais sem ser notado? É difícil! Se conseguimos vê-los, é provável que eles também consigam nos ver – e a maior parte dos animais se afasta quando percebe a nossa presença. É por isso que um periscópio é de grande ajuda. Como ele permite enxergar além de uma curva e espiar por cima de obstáculos, você vai poder se esconder na grama alta ou mesmo atrás de uma árvore caída e observar os animais sem incomodá-los.

LUZ REFLETIDA

Há dois espelhos dentro deste periscópio: um no alto e outro na base. Eles mudam a direção da luz vinda dos pássaros e de outros seres que você estiver observando. É assim que você vai conseguir ver sem ser visto. Use seu periscópio à vontade em áreas externas, só tome o cuidado de nunca apontá-lo para o sol.

A luz entra no periscópio por esta abertura.

Seu periscópio é camuflado, ou seja, pintado de cores que o confundem com o ambiente.

12 OBSERVATÓRIO DA NATUREZA

COMO CONSTRUIR UM
PERISCÓPIO

Este projeto tem muitas medições e cortes, mas, se você fizer com calma e cuidado, terá um periscópio resistente para usar muitas vezes. As tintas são opcionais, mas elas vão ajudar a camuflar o periscópio quando você estiver em campo espionando pássaros ou outros animais.

Tempo
1 hora mais o tempo de secar

Dificuldade
Alta

MATERIAL

- Fita dupla-face
- Pedaço grande de papelão
- Régua
- Lápis
- Dois espelhos de tamanho 7 x 7 cm
- Pedaço pequeno de papelão
- Tesoura
- Tintas
- Pincéis
- Fita crepe
- Fita adesiva forte

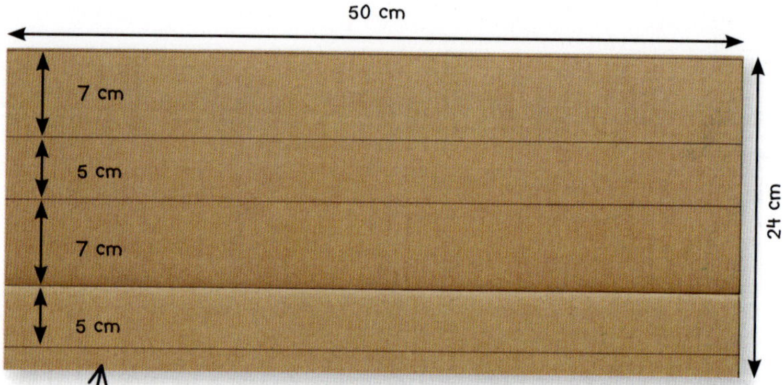

Este retângulo fino tem 2 cm de altura.

1 Usando a régua, copie o esquema acima. Todos os retângulos devem ter 50 cm de comprimento. O mais fino, na base, é uma aba que você vai colar para manter o tubo fechado.

(50 cm × 24 cm: 7 cm, 5 cm, 7 cm, 5 cm)

Estas marcas dividem seu periscópio em três partes.

10 cm — 10 cm

2 Faça quatro marcas para servirem de guia, duas no alto e duas na base do esquema. Elas devem ficar a 10 cm das bordas.

PERISCÓPIO 13

3 Desenhe linhas tracejadas ligando as marcas que você fez como guias, como mostrado ao lado. Use a régua para que saiam retas. É importante traçar as linhas no lugar certo – um adulto pode ajudar você nisso.

Esta passa apenas nos dois retângulos de cima.

Esta linha tracejada passa por apenas quatro dos cinco retângulos.

Esta passa pelos dois retângulos de baixo.

Esta parte de dobrar pode ser complicada. Se precisar, peça ajuda a um adulto.

4 Com a ponta da tesoura e a régua, faça um vinco ao longo de cada linha horizontal. Depois, dobre-as para dentro.

5 Corte ao longo das linhas tracejadas que você desenhou. Cuidado para não cortar além do ponto.

Tire a proteção do outro lado colante da fita.

6 Cole fita dupla-face ao longo da base de cada uma das três partes. Retire a proteção da fita.

7 Agora enrole o tubo e prenda, pressionando a linha com fita.

14 OBSERVATÓRIO DA NATUREZA

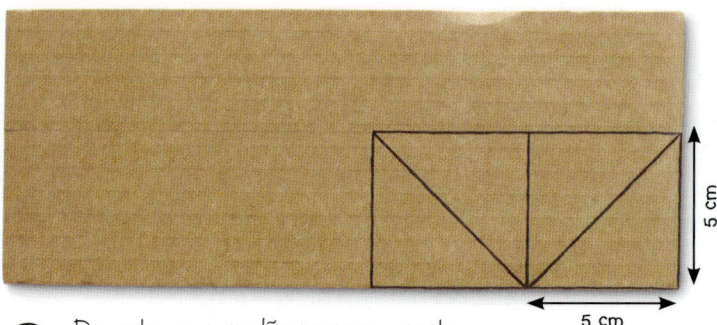

8 Desenhe no papelão pequeno quatro triângulos retos com dois lados de 5 cm.

9 Recorte com cuidado seus quatro triângulos. Eles vão ajudar a apoiar os dois espelhos dentro do seu periscópio.

A fita deve cobrir qualquer fresta nas laterais do periscópio.

10 Com fita crepe, cole os quatro triângulos nas aberturas de cada dobra do periscópio, deixando uma abertura quadrada.

Cada espelho deve se encaixar perfeitamente na abertura de cada dobra do tubo.

11 Posicione em uma dessas aberturas um espelho virado para dentro. Faça o mesmo na outra. Os espelhos precisam ficar num ângulo de 45° para que o periscópio funcione.

12 Fixe o espelho no tubo com fita adesiva forte. Faça o mesmo do outro lado do periscópio.

13 Pinte o periscópio de diferentes tons de verde e deixe secar.

PERISCÓPIO 15

14 Se quiser aumentar o efeito de camuflagem, corte tiras compridas e finas de algum papelão que tiver sobrando em casa e pinte-as de verde para que pareçam grama.

15 Cole pedacinhos de fita dupla-face na base de cada folha de grama, depois retire a proteção da fita e prenda a grama no seu periscópio.

COMO FUNCIONA

Quando você vê um *objeto*, é porque a luz que vem dele entra nos seus olhos. Alguns objetos, como uma tela de computador, produzem a própria luz, mas a maioria simplesmente reflete a luz que vem de outro lugar (do sol, por exemplo). Seja qual for a fonte, a luz vinda de um objeto sempre viaja em linha reta, então em geral é preciso olhar direto para ele para enxergá-lo. Com um periscópio, se os espelhos dentro dele estiverem posicionados do jeito certo, você guia a luz refletida por um objeto em determinada direção de modo que consegue vê-lo sem olhar diretamente para ele.

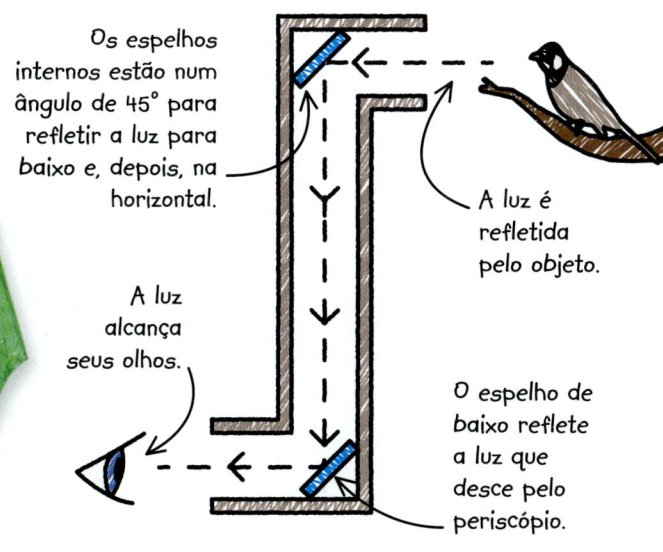

Os espelhos internos estão num ângulo de 45° para refletir a luz para baixo e, depois, na horizontal.

A luz alcança seus olhos.

A luz é refletida pelo objeto.

O espelho de baixo reflete a luz que desce pelo periscópio.

CIÊNCIA DO MUNDO REAL
VISÃO DEBAIXO D'ÁGUA

Por muito tempo os submarinos usaram periscópios para permitir que a tripulação visse o que acontecia lá em cima, na superfície, enquanto estava submersa. Eram aparelhos mais sofisticados que o seu, tinham lentes internas para ampliação da imagem. Hoje em dia, muitos submarinos já contam com câmeras externas que enviam imagens para telas em seu interior.

Pendure este lindo alimentador de borboletas num local alto, como um galho de árvore.

Dentro do copo vai suco de laranja.

DOCES GULOSEIMAS

Tente descobrir que espécies de borboleta habitam sua parte do mundo. Um livro ou buscas na internet podem ajudar você a identificar aquelas que visitarem seu alimentador. Acredita-se que existam cerca de 15 mil espécies de borboletas espalhadas por todos os continentes exceto a Antártida (a porção de terra próxima ao Polo Sul).

ALIMENTADOR DE BORBOLETAS

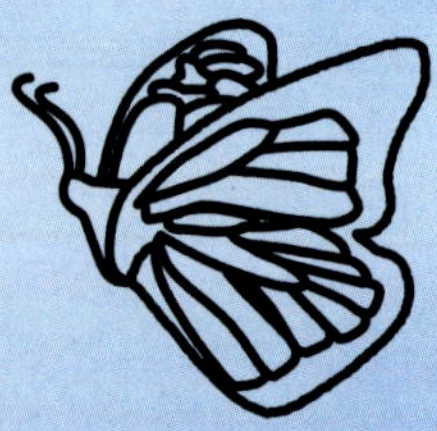

Assim como as abelhas, as borboletas são muito importantes para as plantas. Elas polinizam as flores, permitindo que as plantas produzam frutos e sementes. Você pode atrair borboletas para seu jardim, sua varanda ou seu canto favorito de um parque com este alimentador simples de fazer.

ALIMENTADOR DE BORBOLETAS   17

COMO FAZER UM
ALIMENTADOR DE BORBOLETAS

Para atrair *borboletas*, seu alimentador precisa ser chamativo e colorido, como uma flor. Dentro dele você vai colocar um pedaço de pano esponja (daqueles de cozinha) embebido em *suco de laranja*. As borboletas adoram o suco, então pendure seu alimentador numa árvore num dia quente, espere e observe.

Tempo 20 minutos   **Dificuldade** Média

MATERIAL

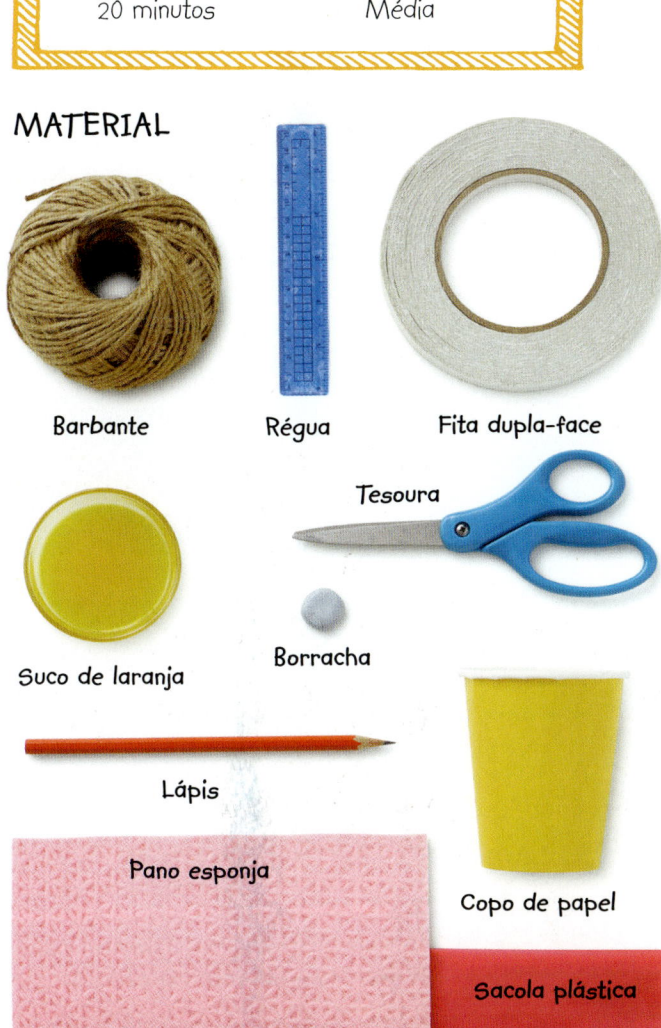

Barbante · Régua · Fita dupla-face · Tesoura · Suco de laranja · Borracha · Lápis · Pano esponja · Copo de papel · Sacola plástica

Tome cuidado com o lápis afiado.

1 Faça dois furos em lados opostos do copo descartável com a ponta de um lápis. Proteja a mesa com uma borracha.

2 Corte um pedaço de *barbante* com 30 cm a 40 cm de comprimento (meça com a régua) e passe as pontas pelos furos no copo. Amarre as pontas de modo que o barbante forme uma alça.

Faça movimentos circulares com o lápis para alargar o furo.

3 Com a ponta do lápis, faça um furo de aproximadamente 1 cm de diâmetro na base do copo, bem no meio.

18 OBSERVATÓRIO DA NATUREZA

Um pedacinho do pano deve ficar para fora.

4 Corte um quadrado com lados de cerca de 2 cm no pano esponja.

5 Com a parte sem ponta do lápis, empurre o pedacinho de pano esponja através do furo no fundo do copo.

Corte sua flor no formato que preferir.

6 Desenhe uma flor na sacola plástica e recorte-a. A flor deve ser maior que o fundo do copo. No meio da flor corte um buraco um pouquinho maior que o do fundo do copo, de modo que dê para encaixar ali a ponta do pano esponja que ficou para fora.

7 Cole pedacinhos de fita dupla-face no fundo do copo e retire a proteção.

Aperte bem para que sua flor fique presa.

O suco de laranja vai encharcar o pano esponja e começar a pingar devagar.

8 Pressione a flor no fundo do copo. Agora seu alimentador de borboletas precisa apenas de um ingrediente essencial: suco de laranja.

9 Na pia ou num local externo, ponha um pouco do suco no copo. Pendure seu alimentador num galho e veja as visitantes virem famintas até ele.

ALIMENTADOR DE BORBOLETAS 19

PARA IR ALÉM

Flores diferentes podem atrair espécies diferentes de borboletas. Experimente usar sacolas plásticas de cores variadas, recortando-as conforme seu gosto, para ver se certas borboletas são atraídas por determinadas combinações. Tente usar também sucos de outras frutas, pois algumas podem ser mais populares entre as borboletas. Faça anotações sobre as visitantes que aparecerem, para encontrar padrões.

Experimente cortar as flores em formatos diferentes, para atrair vários tipos de borboleta.

COMO FUNCIONA

O formato da flor de plástico serve mais para decoração, embora também possa ajudar a chamar a atenção das borboletas. O que elas querem mesmo é o suco de laranja. Os órgãos gustativos das borboletas ficam nas pernas, é assim que elas sabem quando é seguro comer da flor na qual pousaram. Quando estão certas de que pousaram em algo saboroso, as borboletas estendem sua probóscide, um longo tubo de alimentação enrolado que sai da frente da cabeça delas.

A probóscide das borboletas fica enrolada a maior parte do tempo.

As borboletas desenrolam a probóscide para comer e beber.

CIÊNCIA DO MUNDO REAL
FILHOTES DE BORBOLETA

As borboletas provam as plantas não apenas para si mesmas, mas também para seus filhotes: as lagartas. Se a planta tiver um gosto bom, a borboleta pode pôr os ovos ali. As lagartas começam a mastigar a planta logo que saem dos ovos. Elas passam suas primeiras semanas de vida comendo e crescendo, multiplicando em muitas vezes seu tamanho original, até que se prendem à planta e se tornam uma crisálida. Várias semanas depois, a crisálida vira uma borboleta.

As lagartas vão poder comer assim que saírem dos ovos deixados na folha.

MINHOCÁRIO

Apesar de não terem ossos, pernas ou olhos, as incríveis minhocas trabalham muito. Elas remexem a terra, permitindo a entrada de ar e água, comem resíduos vegetais e enriquecem o solo com seus excrementos. São a equipe de reciclagem perfeita! Nesta atividade, você vai fazer seu próprio minhocário, um habitat onde suas minhocas poderão viver enquanto você as estuda. Não se esqueça de observá-lo todos os dias – você vai se surpreender ao ver como suas minhocas trabalharão rápido.

Como esses bichinhos preferem a escuridão, seu minhocário vai precisar de uma cobertura que bloqueie a luz.

MINHOCANDO POR AÍ

As minhocas levam matéria orgânica da superfície para debaixo da terra e a reviram. Elas penetram no solo criando movimentos ondulatórios nos músculos ao longo do corpo.

OBSERVATÓRIO DA NATUREZA

COMO FAZER UM
MINHOCÁRIO

Você vai precisar de minhocas para esta atividade. Se sua casa tiver um jardim, talvez dê a sorte de encontrar algumas por lá – elas costumam vir à superfície depois que chove. Você também pode comprá-las em pet shops e lojas de jardinagem ou pela internet. Seja gentil com elas, são seres vivos. As minhocas são sensíveis à luz, portanto proteja-as da luminosidade o máximo que puder. Lembre-se de sempre lavar as mãos depois de mexer com terra e com minhocas.

Tempo
30 minutos mais o tempo de secagem da tinta

Dificuldade
Média

MATERIAL

- Pincel
- Caneta hidrográfica
- Tesoura
- Tintas
- Fita adesiva colorida
- Areia
- Terra
- Cartolina A3 de cor escura
- Garrafa plástica grande
- Vaso de planta
- Prato para vaso de planta

1 Comece decorando seu vaso de planta. Pintamos de verde e amarelo, mas você pode usar qualquer cor e fazer os desenhos que preferir.

Guarde esta cartolina para usar depois.

2 Enrole em volta da garrafa um pedaço de cartolina e, com a caneta hidrográfica, trace duas linhas ao redor da garrafa, uma perto da boca e outra perto do fundo.

MINHOCÁRIO 23

Peça ajuda a um adulto para cortar.

3 Usando a tesoura, corte com cuidado ao longo das linhas que você traçou. Você terá um cilindro de plástico aberto nas duas extremidades.

Você pode reciclar as partes de cima e de baixo da garrafa.

4 Use a fita para cobrir as irregularidades nas bordas do cilindro. Com cuidado, passe a fita ao redor das extremidades e depois dobre-a para dentro, fixando bem.

5 Posicione o cilindro em pé no vaso decorado. Jogue um pouco de terra no fundo do vaso e em volta do cilindro para fixá-lo. Não se esqueça de lavar as mãos depois de mexer com terra, grama e folhas.

6 Coloque no cilindro camadas alternadas de terra e areia, sempre mais terra do que areia. As minhocas precisam de água. Por isso, se o solo estiver muito seco, borrife um pouco de água para deixá-lo úmido. Seu minhocário está quase pronto.

Encha o cilindro até poucos centímetros do topo.

7 Suas minhocas precisarão de matéria orgânica (viva) para comer. Coloque um pouco de grama e folhas no alto da sua coluna de terra e areia.

Feche a parte de cima da cobertura com fita.

8 As minhocas vivem bem em ambientes escuros. Para incentivá-las a se aventurar pelas bordas do minhocário, de modo que você possa ver o que elas fazem, crie uma cobertura: enrole um pedaço grande de cartolina escura em volta do cilindro e prenda com fita adesiva.

9 Hora de colocar as minhocas. Pegue-as com cuidado, com as mãos molhadas. Ponha quatro ou cinco delas na grama e cubra o minhocário. Lave as mãos e depois deixe o minhocário num local fresco e escuro. Verifique-o todo dia. Após alguns dias, devolva as minhocas à natureza despejando o conteúdo do minhocário num canteiro de flores.

Molhe as mãos antes de pegar as minhocas e não as aperte.

As minhocas vão levar a grama e as folhas para dentro do solo.

MINHOCÁRIO   25

PARA IR ALÉM

Você pode fazer um minhocário maior com uma caixa grande de plástico, para que as minhocas contribuam para a decomposição do lixo da cozinha. Mantenha-o fora de casa, num local fresco e escuro, e faça furos na caixa para que o ar entre. Coloque cascas de vegetais e de ovos, mas nada de carnes ou alimentos gordurosos como queijo. Depois de algumas semanas ou meses, as minhocas vão digerir o lixo orgânico e a caixa vai ficar cheia de um composto rico e fértil que você poderá usar em vasos de planta ou no jardim.

COMO FUNCIONA

As minhocas não demoram a começar a trabalhar, agitando as camadas de solo à medida que se movem por ali. Em alguns dias a terra terá sido enriquecida pelos resíduos sólidos que esses bichinhos expelem pelo ânus depois que a comem. A superfície da pele das minhocas secreta (solta) um líquido viscoso chamado muco, que as ajuda a deslizar pela terra. As minhocas se livram de resíduos (o equivalente a fazer xixi) através de vários pares de buraquinhos espalhados pelo corpo, chamados de nefrídios.

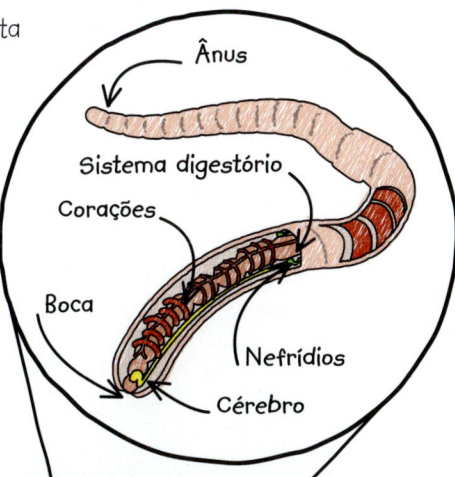

CIÊNCIA DO MUNDO REAL
COMPOSTAGEM

Muitos jardineiros usam minhocas em suas caixas de compostagem. Quando as sobras orgânicas (cascas de vegetais, folhas mortas ou aparas de grama) são colocadas ali, as minhocas as arrastam para debaixo da superfície para comer. Elas então trituram e digerem parcialmente essas sobras, misturando-as ao solo. Com minhocas, a caixa de compostagem transforma mais rápido o lixo orgânico em composto rico.

GARRAFAS DE EROSÃO

O solo é mais que um lugar onde as plantas crescem: ele contém água e nutrientes de que elas precisam. Dependemos dele também, porque precisamos das plantas que brotam dele, por exemplo. Elas não apenas produzem parte do oxigênio que respiramos e os alimentos que comemos como também as usamos para construir casas, fazer roupas, produzir remédios... Este experimento mostra como o solo desprotegido pode ser levado pela chuva, causando danos ao meio ambiente, e também revela como as plantas dependentes do solo para sobreviver podem ajudar a protegê-lo.

A água carregou partículas do solo.

TURVA OU TRANSPARENTE?

Neste experimento, a água que corre pelo solo desprotegido erode (carrega) um pouco dele – é por isso que o copo à esquerda está turvo. Uma camada de cobertura vegetal seca (folhas caídas e outros materiais de plantas mortas) na garrafa do meio protege a terra, fazendo com que a água saia menos turva. Mas o solo com raízes de plantas ancorando-o é o mais protegido e a água que corre dele é quase transparente.

O solo é feito de pequenos pedaços de rocha partida, restos de plantas e animais mortos há muito tempo, além de outros componentes.

As raízes da grama se prendem ao solo.

A água está transparente porque carregou consigo muito pouco solo.

OBSERVATÓRIO DA NATUREZA

COMO FAZER
GARRAFAS DE EROSÃO

Este experimento dramático não é complicado de fazer, mas exige paciência. Comece a prepará-lo com no mínimo uma semana de antecedência, para dar à grama tempo de crescer na garrafa. Quando você for executar de verdade o experimento, faça isso ao ar livre, se possível.

Tempo
30 minutos mais o tempo de crescimento

Dificuldade
Média

MATERIAL

- Três copos plásticos
- Régua
- Caneta hidrográfica
- Borracha
- Lápis
- Barbante
- Sementes de grama ou alpiste
- Regador com água
- Tesoura
- Cobertura morta orgânica (folhas secas, palha, cascas de madeira, etc.)
- Três garrafas plásticas grandes
- Terra

Use uma régua se achar difícil traçar linhas retas.

1 Com a caneta hidrográfica, desenhe um retângulo grande em uma das garrafas. Isso vai ser uma abertura, que precisa ser grande o bastante para colocar terra e, depois, água.

2 Corte nas linhas que você fez e retire o retângulo plástico (separe para reciclagem). Um adulto pode ajudá-lo nisso.

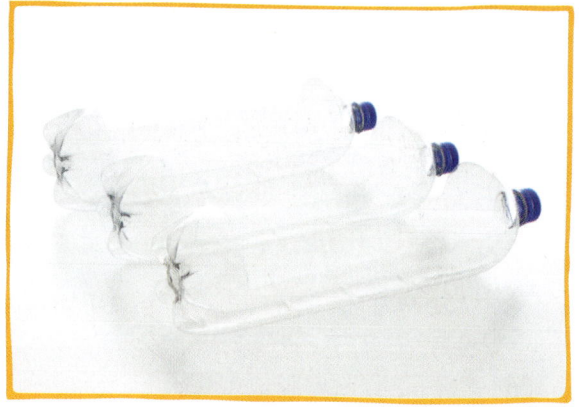

3 Faça o mesmo nas outras duas garrafas. Você terá três iguais, mas deixe duas de lado por enquanto.

GARRAFAS DE EROSÃO   29

4 Coloque terra em uma das garrafas até quase chegar na altura do gargalo.

5 Salpique as sementes de grama na terra, depois lave as mãos.

Cuidado para não encharcar a terra.

6 Com o regador, molhe as sementes apenas o suficiente para deixar a terra úmida.

7 Deixe a garrafa em um local com bastante sol e onde não faça muito frio. Molhe um pouco mais todo dia para que a terra não seque. A grama vai levar cerca de uma semana para crescer.

A cobertura morta pode conter folhas secas, palha, gravetos, etc.

8 Com a grama crescida, você pode preparar as outras duas garrafas. Coloque nelas mais ou menos a mesma quantidade de terra da primeira.

9 Deixe uma das garrafas apenas com terra. Na outra, coloque por cima uma camada de cobertura morta. Lave as mãos.

30 OBSERVATÓRIO DA NATUREZA

Proteja a mesa com uma borracha.

Esta parte é complicada, então é melhor pedir ajuda a um adulto.

10 Agora você precisa fazer três pequenos baldes. Com a ponta do lápis, faça dois furos, um em frente ao outro, pouco abaixo da borda de cada copo. Apoie o copo em uma borracha antes de fazer o furo.

11 Corte três pedaços de barbante com cerca de 20 cm (use uma régua para medi-los). Passe uma das pontas de um deles por um dos furos no copo e dê um nó para que não saia pelo buraco. Faça o mesmo no outro furo, formando uma alça.

12 Faça alças de barbante nos outros dois copos também. Verifique se elas aguentam os copos cheios de água.

13 Pendure os copos no gargalo das garrafas. Tudo preparado! O experimento pode fazer sujeira, então execute esta parte fora de casa. Tire as tampas das garrafas, depois jogue água, devagar, sobre a terra de cada uma delas. A água vai começar a escorrer na direção dos copos.

GARRAFAS DE EROSÃO **31**

COMO FUNCIONA

As raízes são cruciais para a sobrevivência de uma planta. Em geral, elas crescem para baixo no solo e absorvem a água, que é transportada por tubos muito finos para o restante da planta, como o caule e as folhas, acima do solo. Cada planta de grama tem raízes de tamanhos muito diferentes – desde minúsculas até bem grandes, quase do tamanho do caule. Elas crescem em todas as direções na terra. O resultado é uma teia de raízes que segura o solo. É por isso que a água sai quase transparente da garrafa com grama.

Quando terminar o experimento, tire a terra da garrafa puxando a grama. Você verá que as raízes seguram o solo.

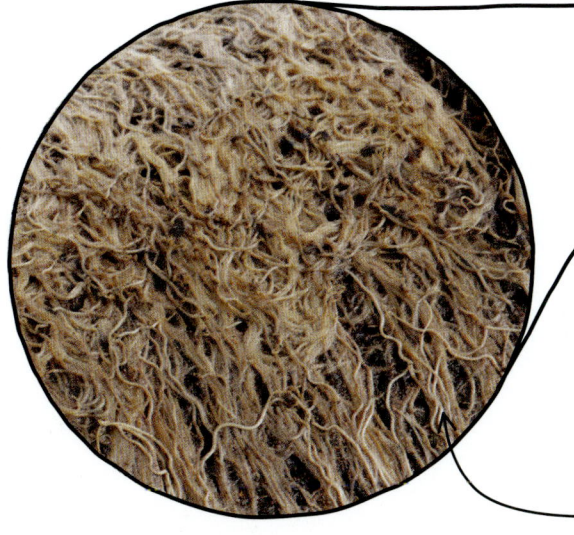

Observe bem de perto. Você verá centenas de pequenas raízes se retorcendo pela terra. São elas que não permitem que o solo seja erodido.

Experimente espremer a terra com grama. Você vai se surpreender com a quantidade de água que ainda tem.

CIÊNCIA DO MUNDO REAL
EROSÃO DO SOLO

Se for deixado desprotegido, o solo pode ser levado durante chuvas fortes, carregando consigo os nutrientes necessários para que as plantas cresçam. Como mostra esta imagem tirada do espaço, a terra corre na direção dos rios, onde pode prejudicar peixes e outras espécies. A presença de grama e árvores nas margens mantém os rios mais limpos ao evitar a erosão do solo, pois suas raízes se prendem à terra. Agricultores podem proteger o solo de que precisam para plantações e criação de animais com uma camada de cobertura morta orgânica (serrapilheira) ou plantando certas espécies.

BUSCANDO ÁGUA

Estas mudas de feijão cresceram em algodão úmido, sem terra. Conforme as plantas crescem, suas raízes se estendem para baixo em busca de água. Para se tornarem fortes e saudáveis, as plantas vão precisar de mais nutrientes, mas podem começar a crescer apenas com luz e água.

As folhas sobem em busca da luz de que a planta precisa para produzir o alimento que a ajuda a crescer.

As raízes vão crescendo para baixo, na direção da água.

JARDINEIRA SEM TERRA

Como você cultivaria plantas se estivesse em uma longa missão espacial e sua nave não tivesse espaço para um jardim? Usaria uma técnica chamada hidroponia, na qual as plantas crescem sem terra. Vamos descobrir como é.

COMO FAZER UMA
JARDINEIRA SEM TERRA

Esta jardineira não é complicada de fazer e usa itens simples que temos em casa. As sementes de feijão vão levar alguns dias para germinar (começar a criar raízes e um broto) e uma ou duas semanas para se tornarem pequenas plantas.

Tempo
30 minutos mais o tempo de crescimento

Dificuldade
Média

MATERIAL

Massa de modelar · Barbante · Tesoura · Sementes de feijão · Espetos de madeira · Bolas de algodão · Régua · Água · Garrafa plástica grande

1 Corte cinco pedaços de barbante de tamanho mais ou menos igual ao comprimento da garrafa. Quatro deles vão absorver a água para alimentar as plantas e o outro vai prender os espetos de madeira, criando um tripé de suporte para o crescimento delas.

Peça ajuda a um adulto nesta etapa.

2 Com cuidado, corte um pedaço de 5 cm de largura no meio da garrafa (meça com a régua). Vamos usar as partes do fundo e da tampa. Separe a do meio para reciclagem.

3 Encaixe a parte da tampa de cabeça para baixo na base. Assim temos uma plataforma para as sementes e impedimos que a água evapore.

34 OBSERVATÓRIO DA NATUREZA

Encha a jardineira com água até aqui, logo abaixo do gargalo.

4 Encha de água a jardineira até quase o gargalo. A água deve ficar com cerca de 10 cm de altura.

O barbante molhado vai levar água até as sementes.

5 Passe quatro pedaços de barbante pelo gargalo, mas deixe alguns centímetros deles na parte superior.

6 Coloque várias bolas de algodão na parte de cima, depois jogue algumas sementes de feijão no algodão.

Tome cuidado com a ponta afiada do espeto.

7 Para criar um tripé que dará suporte aos caules das plantas conforme elas forem crescendo, coloque uma bolinha de massa de modelar na ponta mais fina de cada espeto.

8 Apoie os três espetos em suas bases e junte as pontas de modo que eles se cruzem. Amarre-os com o último pedaço de barbante.

9 Posicione o tripé em cima do algodão e deixe a jardineira em um local iluminado.

JARDINEIRA SEM TERRA   35

O tripé dá suporte aos caules conforme as plantas crescem.

As bolas de algodão ficam úmidas porque os barbantes absorvem a água.

As raízes vão crescer para baixo e alcançarão a água em uma ou duas semanas.

10 As sementes devem germinar em alguns dias. Depois de algumas semanas, transfira suas plantas para um vaso com terra ou peça a um adulto que acrescente fertilizante à água, para que as plantas possam florescer.

COMO FUNCIONA

A água da parte inferior da jardineira é sugada através dos barbantes e mantém o algodão úmido. Quando as sementes absorvem água, saem delas uma estrutura que dá origem à raiz e, depois, uma que dá origem ao caule. Água, ar e luz são tudo de que uma planta precisa para começar a se desenvolver – é por isso que esta planta pode crescer sem terra. Uma substância química especial nas raízes, chamada auxina, ajuda a direcioná-las para baixo, de modo que elas crescem em direção à água. A diferença de concentração de auxina faz com que a raiz demore mais a crescer em um dos lados, por isso ela se inclina na direção da força da gravidade.

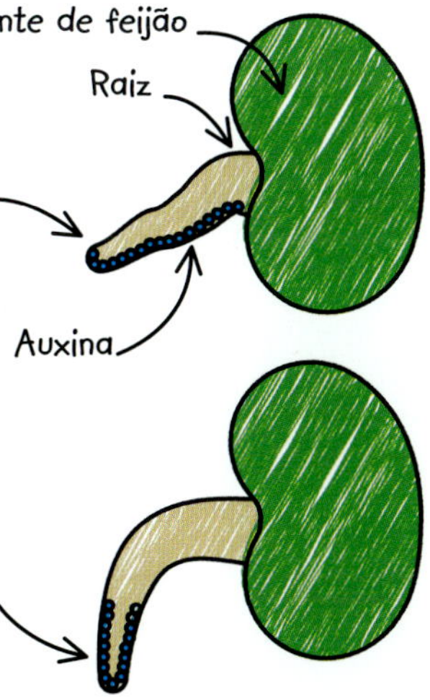

A parte de baixo da raiz tem mais auxina, por causa da gravidade, então esse lado cresce mais devagar.

Semente de feijão
Raiz
Auxina

Quando a raiz está apontando para baixo, os dois lados passam a ter a mesma quantidade de auxina e, assim, a raiz continua crescendo para baixo.

CIÊNCIA DO MUNDO REAL
AQUAPONIA

Algumas plantas são cultivadas em tanques hidropônicos, onde recebem água contendo os nutrientes (normalmente encontrados no solo) de que precisam para crescer de forma rápida e saudável. Na aquaponia, que é um tipo de hidroponia, as plantas absorvem nutrientes convertidos a partir dos excrementos de peixes mantidos nos tanques. Os peixes fornecem nutrientes para as plantas e elas, por sua vez, filtram a água para os peixes.

SEMENTEIRAS

As sementeiras servem para cultivar e proteger sementes jovens. Elas são feitas com uma polpa de papel picado, que é moldada em torno de um vaso de plástico. Quando o papel estiver seco, plante uma semente de ervilha na sua sementeira e veja como ela cresce!

VASOS DE PAPEL

Estas sementeiras de papel são perfeitas para plantar num canteiro, porque vão se decompor (desmanchar) sem prejudicar o solo.

Estas sementeiras de papel se decompõem no solo de forma inofensiva.

A sementeira vai ser da cor do papel do qual for feita.

SEMENTEIRAS 37

COMO FAZER
SEMENTEIRAS

Nesta atividade, você vai transformar papel velho em uma pasta molhada chamada polpa, vai moldá-la no formato de vasos e vai deixar secar. Usamos papel de seda colorido, mas você pode usar qualquer tipo de papel, inclusive jornal velho. As sementeiras mantêm a forma após secarem e, depois de plantadas, se desmancham sem causar danos ao solo.

Tempo
30 minutos mais 24 horas de secagem

Dificuldade
Média

MATERIAL

- Terra
- Vaso de plantas de plástico
- ½ copo de farinha de trigo
- Sementes de ervilha ou feijão
- Tigela de vidro
- Água
- Duas folhas A3 de papel de seda
- Regador
- Prato

1 Rasgue o papel de seda em tiras de cerca de 1 cm de largura e pique essas tiras em quadradinhos. Coloque-as na tigela.

2 Despeje água na tigela, mas não em excesso – apenas o bastante para deixar o papel bem molhado.

OBSERVATÓRIO DA NATUREZA

Você pode experimentar colocar mais ou menos farinha para ver como isso afeta suas sementeiras.

3 Pegue um punhado de papel empapado e amasse com as mãos até que o papel fique parecendo um mingau grosso.

4 Acrescente a farinha. Aperte e mexa a farinha e a polpa até estarem bem misturadas.

O papel é feito de celulose, um material forte e fibroso encontrado nas plantas.

5 Pegue punhados da polpa e, apertando de leve para tirar o excesso de água, vá revestindo o vaso de plástico. Quando terminar, deixe o vaso de cabeça para baixo em um local quente para secar por no mínimo 24 horas.

6 Com sua sementeira de papel totalmente seca, você precisa tirar o vaso de plástico. Com cuidado, afrouxe o papel em torno da parte de cima do vaso, depois aperte as laterais, como se fosse juntá-las. Mexa de leve o vaso até soltá-lo da sementeira de papel.

Tome cuidado para não rachar a sementeira.

Esta parte é difícil, então peça ajuda a um adulto.

SEMENTEIRAS 39

7 Encha sua sementeira com terra e plante as sementes a cerca de 1 cm de profundidade. Lave as mãos depois de mexer na terra. Coloque a sementeira em uma bandeja, para o caso de vazar água, e deixe-a próximo de uma janela.

Deixe a terra úmida, mas não encharcada.

8 Molhe a terra. Você vai precisar acompanhar suas sementes, acrescentando mais água se o solo ficar seco. Quando as plantas atingirem cerca de 15 cm de altura, cave um buraco num espaço de terra ao ar livre ou num canteiro de casa e enterre ali sua sementeira, assim elas poderão continuar crescendo.

COMO FUNCIONA

O papel é formado por milhões de fibras microscópicas feitas de um material chamado celulose. São tubinhos minúsculos que formam a parte externa das células das plantas (a parede celular), unidas por minúsculas fibras chamadas fibrilas. Quando colocamos água no papel para fazer a massa, as fibrilas se soltam das fibras de celulose. Conforme a polpa seca, as fibrilas voltam a se unir, prendendo novamente as fibras de celulose umas às outras. Quando você enterra a sementeira de papel, pequenos seres vivos (microrganismos) começam a quebrar as fibras em partículas menores e, aos poucos, o papel se torna parte do solo.

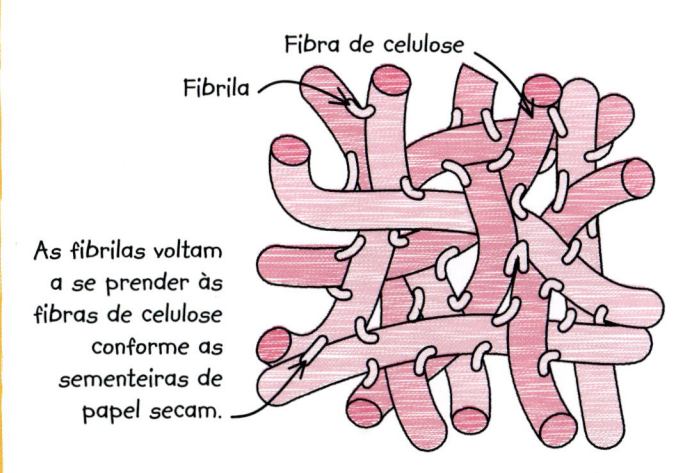

Fibra de celulose
Fibrila

As fibrilas voltam a se prender às fibras de celulose conforme as sementeiras de papel secam.

CIÊNCIA DO MUNDO REAL
RECICLAGEM DE PAPEL

O papel é um dos materiais mais fáceis de reciclar, porque as fibras de celulose podem ser batidas com água até virarem uma polpa e transformadas de novo em papel repetidas vezes. O material reciclável coletado é levado a usinas de reciclagem, como esta da foto, onde o papel é separado de acordo com o tipo (papelão, jornal, etc.), depois limpo e então transformado em polpa.

FUNGOS DE POTE

A massa de fibras brancas que aparece no pote abaixo é chamada de micélio e compõe o corpo principal de alguns fungos. O micélio cresce a partir de células reprodutivas chamadas esporos, que são liberadas pelos cogumelos nos fungos que possuem essa estrutura. Neste experimento, você vai fazer micélio em condições controladas.

NÃO coma os cogumelos nem o micélio em nenhum momento desta atividade!

O oxigênio necessário para que o fungo sobreviva entra no pote através de uma tampa de papel de seda.

Você poderá ver o micélio crescendo pela lateral do pote de vidro.

HORA DA ALIMENTAÇÃO

Ao contrário das plantas, os fungos não produzem o próprio alimento. Eles precisam se alimentar de algo para obter a energia e a matéria necessárias para crescer. Os esporos que originam o micélio nesta atividade se alimentam da matéria orgânica que forma o papelão.

COMO CULTIVAR
FUNGOS DE POTE

Para cultivar um pote cheio de micélio, certifique-se de que suas mãos, o pote de vidro e o papelão estejam limpos. Se bactérias entrarem no pote, podem crescer e competir com o micélio. Quando terminar esta atividade, peça a um adulto que jogue fora o conteúdo do pote e recicle o vidro.

Tempo
90 minutos

Dificuldade
Média

Alerta
Se você for alérgico a cogumelos, não faça esta atividade.

MATERIAL

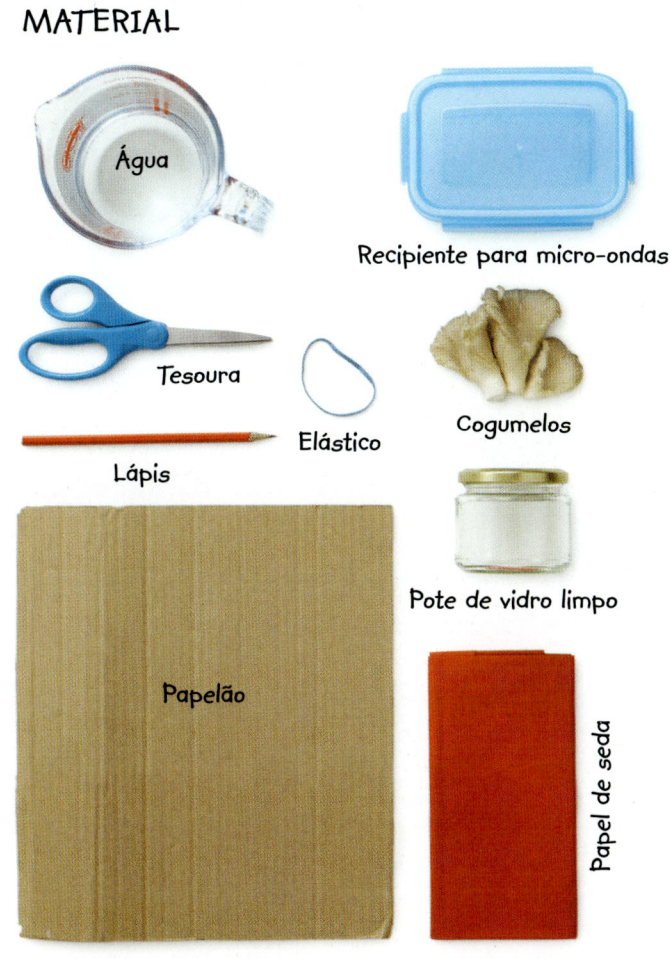

- Água
- Recipiente para micro-ondas
- Tesoura
- Elástico
- Cogumelos
- Lápis
- Pote de vidro limpo
- Papelão
- Papel de seda

Você também vai precisar de um micro-ondas

1 Com o lápis, desenhe seis círculos no papelão contornando o fundo do pote de vidro, para que fiquem do tamanho certo.

2 Com a tesoura, recorte os círculos com cuidado. Eles serão a superfície onde o micélio vai crescer.

A água deve cobrir completamente o papelão.

3 Coloque os círculos de papelão no recipiente para micro-ondas e cubra-os com água.

OBSERVATÓRIO DA NATUREZA

Aquecemos a água para esterilizar o papelão, matando qualquer bactéria que possa atrapalhar o crescimento do micélio.

4 Coloque o recipiente no micro-ondas e aqueça-o na potência máxima por 2 minutos, sem a tampa. Deixe esfriar por 1 hora dentro do micro-ondas fechado.

5 Antes de tirar o recipiente do micro-ondas, lave bem as mãos com sabão, enxágue e seque com uma toalha limpa.

Use apenas cogumelos comprados em mercados.

6 Retire os círculos de papelão da água e esprema-os na mão. Isso vai remover parte da água, mas eles devem continuar úmidos. Coloque-os em um prato limpo.

7 Coloque um círculo de papelão no fundo do pote de vidro limpo. Corte pedacinhos de cogumelo acima do pote de modo que todos caiam no papelão.

O ideal é que os pedaços de cogumelo fiquem mais para o meio dos círculos, mas não se preocupe muito com isso.

8 Quando tiver alguns pedaços de cogumelo no primeiro círculo de papelão, coloque outro círculo úmido por cima e repita o processo.

9 Acrescente um por um os círculos de papelão úmido, colocando alguns pedacinhos de cogumelo em cada camada. Lave as mãos depois de tocar nos cogumelos.

FUNGOS DE POTE   **43**

O papel de seda permite a entrada de ar, que contém o oxigênio necessário para que o fungo sobreviva.

10 Não coloque a tampa do pote. Cubra a abertura com papel de seda, prendendo-o com o elástico.

11 Deixe o pote em um local fresco e escuro, como um armário. Verifique-o dia sim, dia não. Ele vai se encher de micélio muito rápido!

COMO FUNCIONA

O cogumelo que a gente vê na superfície é apenas uma pequena parte de um fungo. Escondida no "subsolo" há uma extensa rede de pequenos fios que, juntos, formam o micélio. Os fungos geralmente vivem no solo, em madeira apodrecida ou em animais mortos – qualquer coisa que contenha matéria orgânica em decomposição. Para se reproduzir, fios de micélio emergem do solo, unem-se em um nó, crescem e se transformam em cogumelo. Esse cogumelo então solta milhões de esporos, que se espalham, formando novas redes de micélio.

Se tiver acesso a um microscópio, você pode usá-lo para tentar enxergar a estrutura do micélio.

O micélio é feito de pequenos fios da largura de uma célula, chamados de hifas.

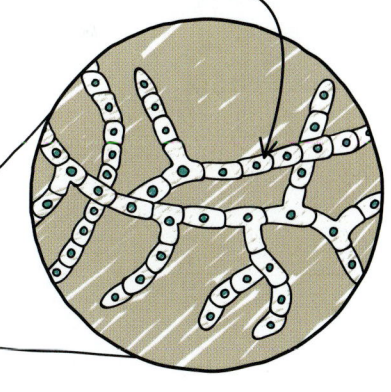

CIÊNCIA DO MUNDO REAL
COGUMELOS

Alguns cogumelos contêm nutrientes que são bons para nossa alimentação, mas muitos são venenosos. Por isso, não coma cogumelos selvagens a não ser que um adulto tenha certeza de que é seguro. Cogumelos comestíveis são cultivados em "fazendas" específicas, onde os níveis de umidade e temperatura são mantidos constantes dentro do possível. Cogumelos crescem melhor em ambientes frios, escuros e úmidos.

2

O MUNDO DO CLIMA

A ciência do clima é chamada de meteorologia e os cientistas que a estudam são os meteorologistas. Neste capítulo você vai construir quatro instrumentos meteorológicos: um termômetro (para medir a temperatura), um anemômetro (para medir a velocidade do vento), um barômetro (para medir a pressão atmosférica) e um pluviômetro (para medir a precipitação, ou queda de chuva). Você também vai investigar a dinâmica de congelamento e descongelamento e aprender como a água e o gelo podem rachar rochas.

BARÔMETRO

Pode ser difícil acreditar, mas o ar ao seu redor está pressionando você de todas as direções! Essa força poderosa é chamada de pressão atmosférica, que é medida por meio de um dispositivo chamado barômetro. Ele ajuda a prever como vai ser o clima nos próximos dias, de acordo com as mudanças na pressão atmosférica.

PRESSÃO ATMOSFÉRICA

Ao redor da Terra há uma camada de gás com mais de 100 km de espessura: a atmosfera. A quantidade de ar acima de você gera pressão atmosférica. Essa pressão muda o tempo todo, conforme o ar esquenta ou esfria, captura a água que evapora ou a perde quando chove.

Marque a posição do canudo na escala todo dia. Você vai começar a observar tendências e então poderá prever quando esses eventos vão se repetir.

Este canudo indica mudanças na pressão atmosférica ao subir ou descer.

COMO FAZER UM
BARÔMETRO

Não é difícil fazer este barômetro: você simplesmente corta um pedaço de borracha de um balão e o estica sobre a boca de um pote de vidro. Conforme aumenta, a pressão atmosférica empurra a borracha para baixo, contra o ar preso no pote; conforme a pressão diminui, a borracha relaxa. Prenda um canudo na borracha e observe como ele sobe e desce de acordo com as mudanças de pressão.

Tempo
20 minutos

Dificuldade
Média

MATERIAL

- Canudo
- Lápis
- Balão
- Régua
- Papel-cartão colorido
- Fita adesiva
- Elástico
- Tesoura
- Pote de vidro

1 Para conseguir esticar a borracha na abertura do pote de vidro, corte a ponta do balão (a parte mais estreita) e jogue-a fora. Não é necessário encher o balão.

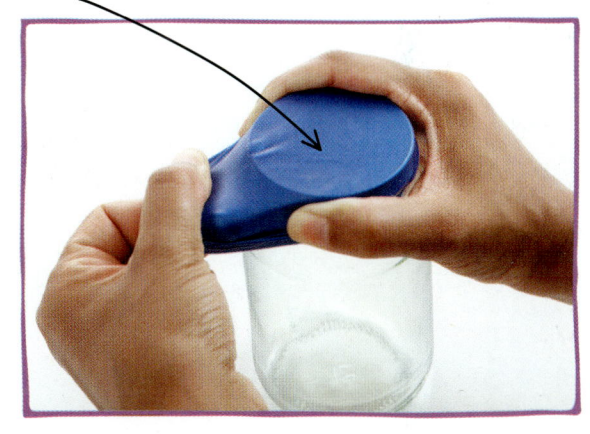

A superfície deve ficar lisa.

2 Estique a borracha sobre a abertura do pote, prendendo o ar lá dentro. A borracha deve ficar bem justa, sem nenhuma ruga.

3 Prenda a borracha com um elástico. Vede bem a abertura do pote para que não saia nem entre ar.

48 O MUNDO DO CLIMA

4 Corte um pedacinho de fita adesiva e prenda-o na ponta do canudo. Cole-a bem firme no centro da borracha.

Posicione a ponta do canudo no centro da borracha.

5 Para fazer a escala, dobre o papel-cartão colorido ao meio, na vertical.

6 Com a ajuda de uma régua, desenhe linhas a 1 cm umas das outras em um dos lados do papel dobrado.

7 Deixe o barômetro em um local onde a temperatura não mude muito, longe de janelas e aparelhos de ar condicionado. Se o ar dentro do pote esquentar ou esfriar, ele vai se expandir ou encolher, o que afetará os resultados. Registre as leituras do barômetro todos os dias. Logo, logo você vai estar fazendo sua previsão do tempo!

O canudo vai ficar na horizontal no início, mas vai subir e descer ao longo do tempo.

Quando o canudo estiver na horizontal, é porque a pressão dentro do pote está igual à pressão do lado de fora.

BARÔMETRO 49

COMO FUNCIONA

Se você empurrar a borracha para baixo, ela comprime (aperta) o ar dentro do pote. O ar empurra de volta, de modo que, quando você larga a borracha, ela volta à posição inicial. O mesmo acontece quando a pressão atmosférica muda. Quando ela aumenta (quando o tempo está bom), o ar exterior empurra a borracha para baixo. A pressão atmosférica cai à medida que o tempo chuvoso e instável se aproxima.

PRESSÃO BAIXA: TEMPO CHUVOSO
Quando a pressão atmosférica está baixa, o tempo fica nublado e chuvoso.

As moléculas de ar fora do pote estão afastadas umas das outras. Elas empurram pouco a borracha.

O canudo aponta para baixo.

As moléculas de ar dentro do pote podem se movimentar livremente. Elas batem na borracha, criando pressão de ar interna.

PRESSÃO ALTA: TEMPO ENSOLARADO
A pressão alta indica tempo seco e céu limpo e ensolarado.

As moléculas de ar fora do pote estão muito próximas umas das outras. Elas empurram a borracha para baixo, fazendo com que ela afunde no meio.

O canudo aponta para cima.

As moléculas de ar dentro do pote são esmagadas pela pressão das moléculas de ar fora dele. A borracha é empurrada para baixo.

CIÊNCIA DO MUNDO REAL
LINHAS ISOBÁRICAS

Talvez você já tenha notado que os mapas usados por meteorologistas na TV são cheios de números e linhas onduladas. São as linhas isobáricas, que reúnem locais com pressão atmosférica igual. Quanto maior o número na linha, maior é a pressão. Em áreas de baixa pressão, começam a se formar tempestades.

PLUVIÔMETRO

Os meteorologistas – os profissionais que fazem a previsão do tempo – medem e comparam a precipitação (queda de chuva) ao longo do tempo para encontrar padrões do clima. Com a ajuda de registros semanais, mensais e anuais, eles conseguem prever quando pode haver chuva forte ou se uma seca está a caminho. São informações vitais para agricultores e jardineiros. Para medir a precipitação, os meteorologistas usam um dispositivo chamado pluviômetro.

A chuva cai na abertura no topo do seu pluviômetro.

O pluviômetro tem uma régua presa à lateral, para que você possa medir facilmente quanta chuva caiu.

DIA CHUVOSO

Na sua cidade chove com frequência? Ou ela é um lugar muito seco? Chove mais nos meses de inverno ou no verão? Mantenha registros semanais, mensais ou até anuais de precipitação com seu pluviômetro e descubra!

COMO FAZER UM
PLUVIÔMETRO

Para fazer este pluviômetro simples, você precisa cortar o topo de uma garrafa e construir uma superfície plana no fundo, dentro da garrafa, acrescentando cascalho e massa de modelar. Há uma régua presa com fita adesiva à lateral do pluviômetro que permitirá que você meça e registre a quantidade de chuva que cai na sua região.

Tempo
30 minutos

Dificuldade
Média

MATERIAL

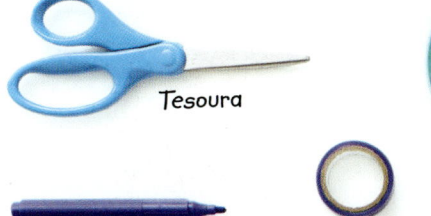

- Tesoura
- Caneta hidrográfica
- Fita adesiva
- Cascalho
- Massa de modelar 
- Régua
- Papel-cartão colorido
- Garrafa plástica grande

1 Envolva a garrafa com o papel-cartão para ficar mais fácil desenhar linhas retas. Trace uma linha ao redor da garrafa, a cerca de 10 cm do topo.

Tome cuidado ao usar a tesoura.

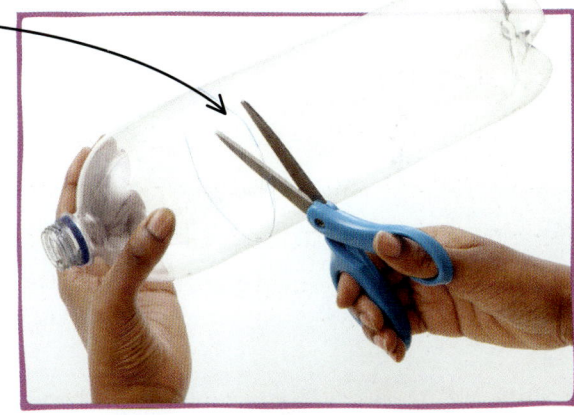

2 Com cuidado, corte seguindo a linha para dividir a garrafa em duas partes. Fique atento a qualquer borda afiada e peça ajuda a um adulto se tiver dificuldade.

Dobre a fita aqui.

3 Cole a fita com cuidado ao redor das bordas cortadas das duas partes, deixando sobrar o bastante para dobrá-la ao meio. Isso vai cobrir qualquer corte desigual.

52 O MUNDO DO CLIMA

Se sua garrafa tiver um fundo irregular, a camada de cascalho vai ajudar a deixá-lo plano.

4 Despeje cascalho na parte de baixo da garrafa, para fazer peso no seu pluviômetro e evitar que ele tombe.

5 Aperte a massa de modelar para obter um disco grosso e achatado com o mesmo diâmetro da garrafa. Deixe-o o mais plano e liso possível.

6 Pressione o disco de massa de modelar na superfície do cascalho e aperte-o contra as laterais da garrafa, criando um lacre que vai impedir a passagem de água.

O funil cobre o recipiente, impedindo que a água coletada evapore (se transforme em vapor).

7 Prenda a régua à parte externa da garrafa com fita adesiva. O zero na ponta da régua deve ficar alinhado ao topo do disco de massa de modelar.

8 Encaixe o funil de cabeça para baixo na base da garrafa. Deixe seu pluviômetro ao ar livre, afastado de construções e árvores. Depois da próxima chuva, vá até ele para conferir o nível da água coletada e anote quanto de chuva caiu.

PLUVIÔMETRO 53

PARA IR ALÉM

Por que não manter um diário das chuvas ao longo de um ano? Se esvaziar a água do seu pluviômetro toda semana no mesmo horário, você terá um conjunto de totais semanais durante o ano. Você pode fazer um gráfico de barras dos totais semanais para descobrir quais são os meses mais úmidos, ou então pode comparar seus resultados com a precipitação média em outras partes do mundo, que você pode encontrar na internet.

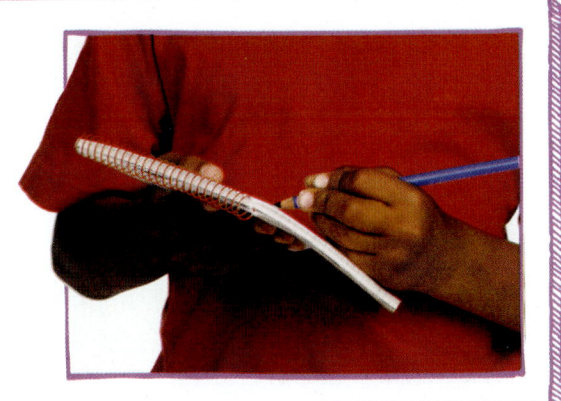

COMO FUNCIONA

A chuva geralmente escoa por ralos ou penetra no solo. Se não pudesse fugir assim, ela se acumularia no chão. Assim, quanto mais chuva caísse, mais funda a água ficaria. Esse é o princípio por trás de um pluviômetro: você está coletando a água da chuva que cai em uma área específica (neste caso, a abertura circular no alto do seu medidor) para ver a profundidade da água. Se você fizesse um pluviômetro com uma abertura duas vezes maior, coletaria duas vezes mais água, mas a profundidade da água coletada ainda seria a mesma, porque a área da parte de baixo do pluviômetro também teria dobrado. Se você tivesse um pluviômetro do tamanho de um campo de futebol, coletaria milhares de litros de água em uma única chuva, mas a água ainda teria apenas alguns milímetros de profundidade.

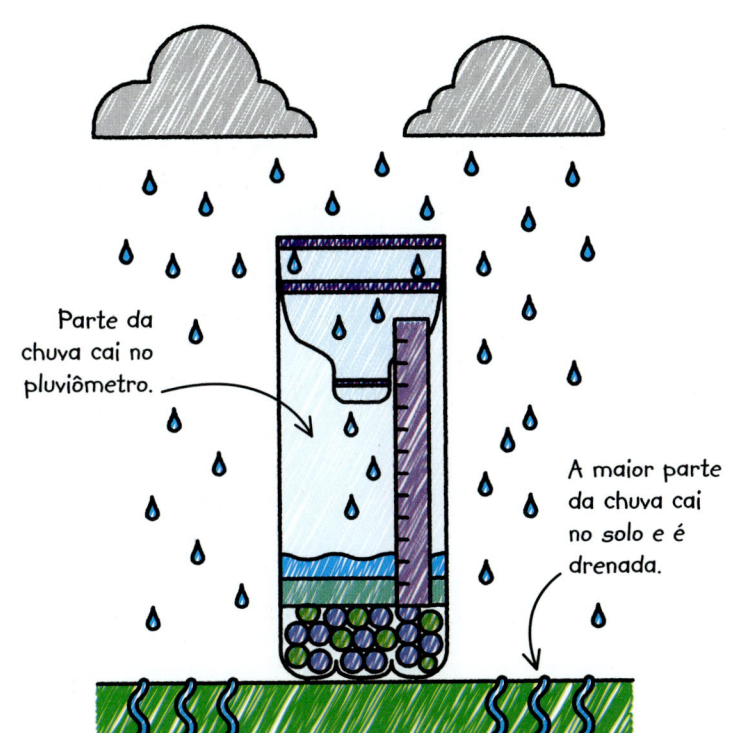

Parte da chuva cai no pluviômetro.

A maior parte da chuva cai no solo e é drenada.

CIÊNCIA DO MUNDO REAL
OBSERVADORES DO CLIMA

Pluviômetros são um equipamento muito importante para meteorologistas e outros cientistas. Eles usam a informação que obtêm não apenas para acompanhar como o clima em diferentes lugares está mudando ao longo do tempo, mas também para prever como será no futuro. Isso pode alertar as pessoas sobre possíveis enchentes e secas, além de nos ajudar a entender mudanças climáticas. Mas não são só cientistas que se beneficiam de pluviômetros. Fazendeiros e agricultores também os utilizam para acompanhar quanta chuva suas plantações estão recebendo, por exemplo.

TERMÔMETRO

Um termômetro mede a temperatura (se algo está frio, morno, quente). Há diversos tipos, mas um dos mais comuns é o termômetro líquido, um tubo pelo qual um líquido sobe ou desce conforme a temperatura muda. Você vai aprender a fazer um termômetro simples que funciona dentro de casa ou ao ar livre.

QUENTE OU FRIO?

Tente colocar seu termômetro em diferentes partes da sua casa, ou em espaços ao ar livre que sejam mais quentes ou mais frios, e observe a água no canudo subir ou descer. Você vai ter que ser paciente: vai levar um tempo até o nível da água mudar.

Nível original da água

Quanto mais alta a temperatura, mais alto o nível da água.

O nível da água no canudo desce quando a temperatura está mais baixa.

Nível original da água

Corante alimentício é dissolvido na água, tornando mais fácil vê-la.

TERMÔMETRO 55

COMO FAZER UM
TERMÔMETRO

Não é difícil criar seu próprio termômetro usando água colorida e um canudo de plástico. Quando estiver pronto e funcionando bem, você pode criar uma escala de temperatura, em um processo chamado de "calibração".

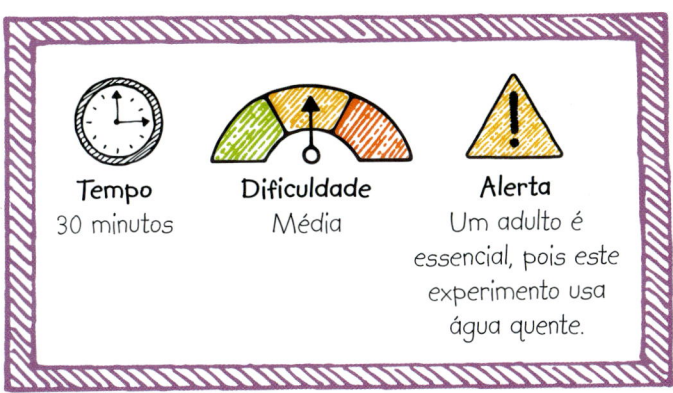

Tempo
30 minutos

Dificuldade
Média

Alerta
Um adulto é essencial, pois este experimento usa água quente.

MATERIAL

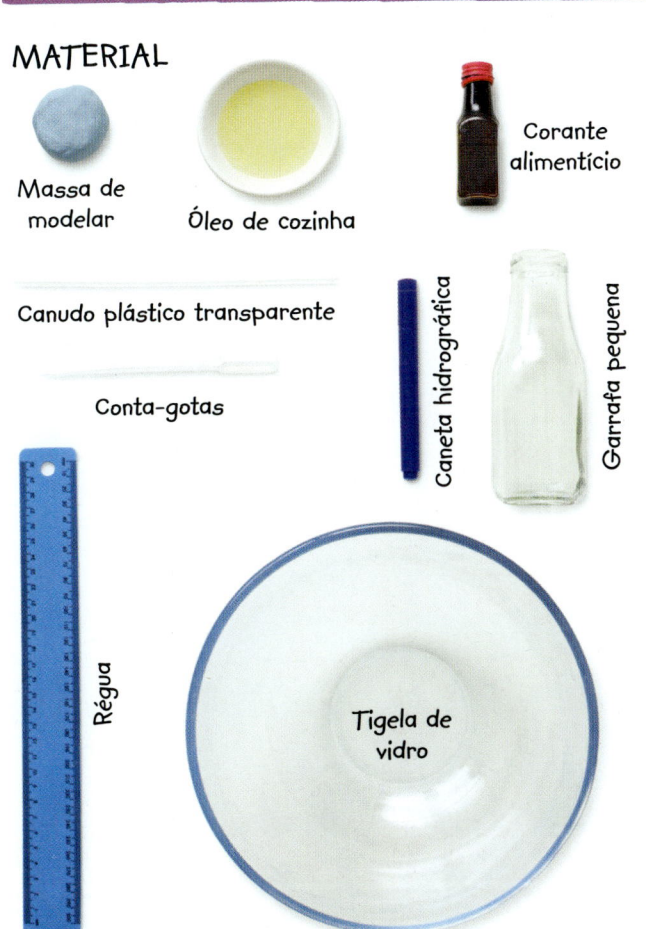

- Massa de modelar
- Óleo de cozinha
- Corante alimentício
- Canudo plástico transparente
- Conta-gotas
- Caneta hidrográfica
- Garrafa pequena
- Régua
- Tigela de vidro

Você também vai precisar de água em diferentes temperaturas

1 Encha a garrafa de água quase até o topo e acrescente algumas gotas de corante alimentício.

As linhas no canudo devem ficar bem visíveis.

2 Marque seu canudo com duas linhas, uma a 5 cm da ponta e outra a 10 cm da mesma ponta.

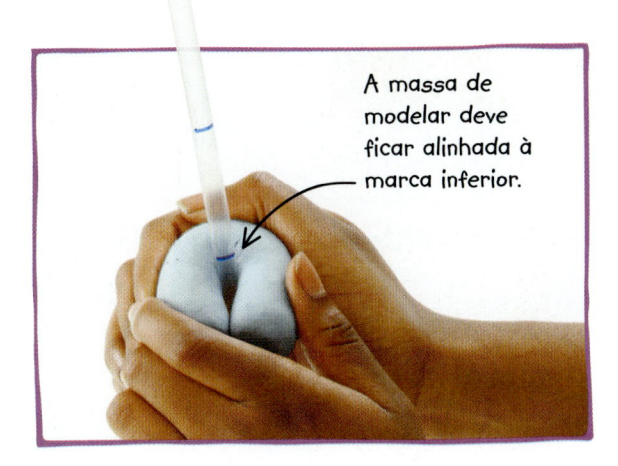

A massa de modelar deve ficar alinhada à marca inferior.

3 Faça uma cobrinha com a massa de modelar e enrole-a no canudo de forma que o topo dela se alinhe com a marca de baixo.

56   O MUNDO DO CLIMA

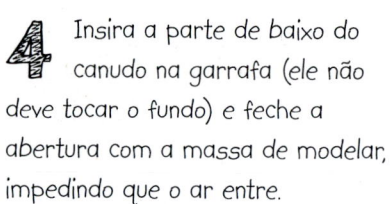

4 Insira a parte de baixo do canudo na garrafa (ele não deve tocar o fundo) e feche a abertura com a massa de modelar, impedindo que o ar entre.

Se o canudo estiver comprido demais, é só cortar um pedaço de baixo.

5 Misture mais água e corante alimentício, então use o conta-gotas para inserir mais algumas gotas de água colorida no canudo.

Acrescente água ao canudo até que ela alcance a linha de cima.

6 Acrescente apenas uma gota de óleo para impedir que a água evapore (se transforme em vapor).

O óleo fica acima da água porque eles são imiscíveis, ou seja, não se misturam.

Em temperaturas mais altas, o nível da água no canudo sobe.

Quanto mais baixa a temperatura, mais o nível da água cai.

8 Agora coloque água gelada na tigela e veja o que acontece.

7 Seu termômetro está completo e pronto para uso. Para testá-lo, coloque-o com cuidado em uma tigela de água quente. O nível de água no canudo deve subir.

Tome cuidado para não derramar água quente nem se queimar.

Você pode colocar gelo para deixar a água bem gelada.

TERMÔMETRO 57

PARA IR ALÉM

O termômetro que você construiu mostra apenas se a temperatura está mais alta ou mais baixa, mas criar uma escala baseada em um termômetro comprado lhe fornecerá medições de temperatura mais precisas. Esse processo é chamado de "calibração". Comece com água quente na tigela e deixe-a esfriar. A intervalos regulares, marque na sua escala o nível da água e a temperatura mostrada pelo termômetro comprado. Para acrescentar medições de temperaturas mais baixas à sua escala, coloque água gelada na tigela para diminuir a temperatura.

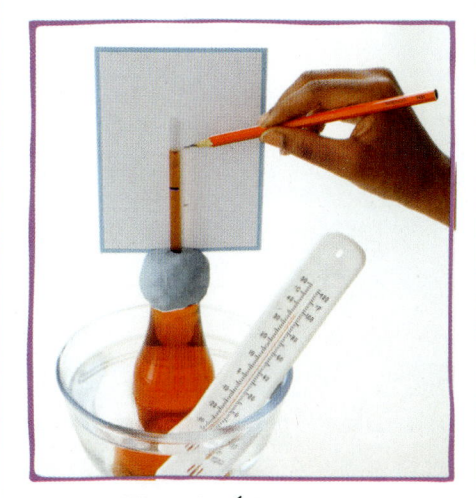

TIGELA COM ÁGUA QUENTE

TIGELA COM ÁGUA GELADA

COMO FUNCIONA

A água é formada por pequenas partículas chamadas moléculas, que se movimentam o tempo todo. Quanto mais alta a temperatura, mais elas se agitam, fazendo com que a água se expanda (ocupe mais espaço). O único espaço no qual a água pode se expandir é no canudo – é por isso que o nível da água sobe quando o termômetro é posto em água quente. Conforme a temperatura cai, as moléculas se movem mais devagar e ocupam menos espaço, fazendo com que o nível da água baixe.

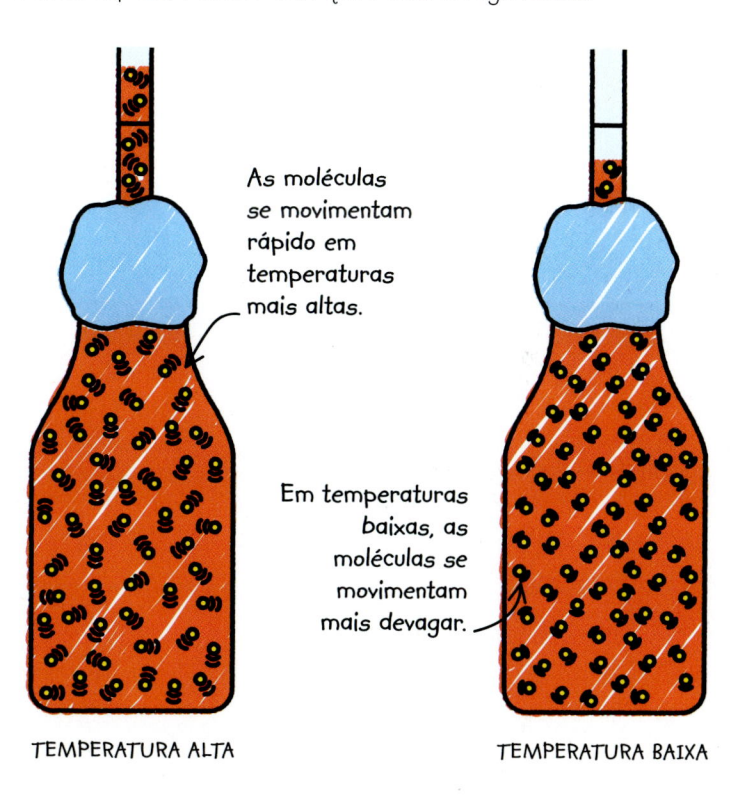

As moléculas se movimentam rápido em temperaturas mais altas.

Em temperaturas baixas, as moléculas se movimentam mais devagar.

TEMPERATURA ALTA   **TEMPERATURA BAIXA**

CIÊNCIA DO MUNDO REAL
TEMPERATURA CORPORAL

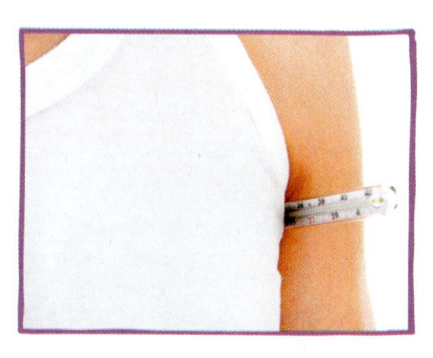

Um termômetro líquido pode ser usado para medir a temperatura de um cômodo ou para verificar sua temperatura corporal e ver se você está com uma infecção. As infecções são causadas por microrganismos, como bactérias e vírus, que se reproduzem (se multiplicam) dentro de você. Quando você tem uma infecção, seu sistema nervoso aumenta sua temperatura corporal para tentar diminuir a velocidade de reprodução dos microrganismos.

ANEMÔMETRO

O vento pode variar entre uma brisa leve e um vendaval, mas é apenas ar em movimento. Os profissionais que preveem o tempo, os meteorologistas, usam um dispositivo chamado anemômetro para medir a velocidade do vento – a rapidez com que o ar se move. Você também pode construir seu anemômetro usando uma bola de pingue-pongue e uma caixa de sapatos.

AR EM MOVIMENTO

A velocidade do vento aumenta quando o tempo está prestes a mudar de bom para instável e chuvoso. Por que não usar seu anemômetro para manter um registro da velocidade do vento ao longo de vários dias e ver como o tempo muda?

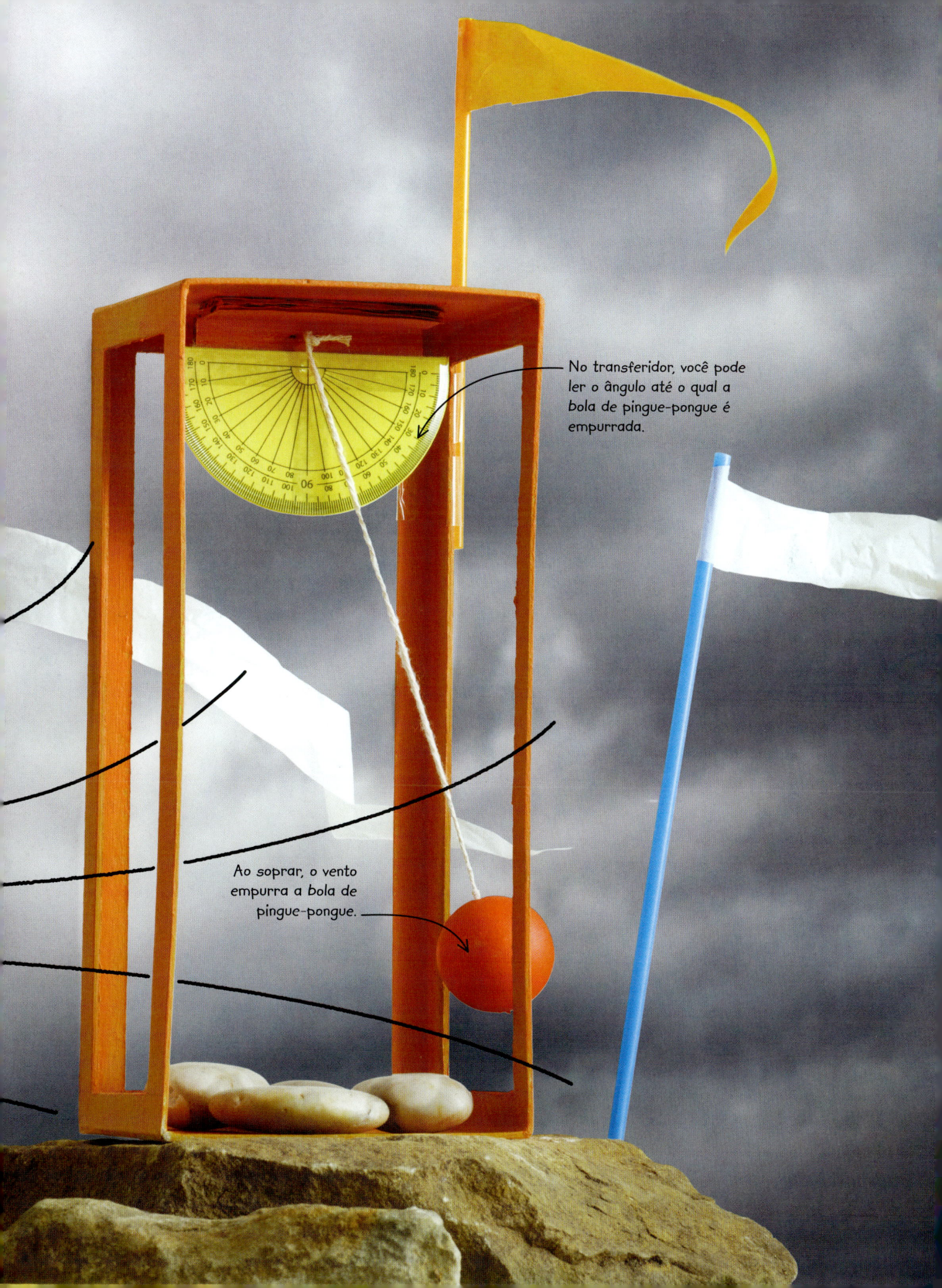

No transferidor, você pode ler o ângulo até o qual a bola de pingue-pongue é empurrada.

Ao soprar, o vento empurra a bola de pingue-pongue.

COMO FAZER UM
ANEMÔMETRO

Este é um projeto meio complicado, então faça tudo com calma e siga as instruções com atenção. Neste modelo de anemômetro, uma *bola de pingue-pongue* é suspensa por um *barbante* dentro de uma moldura de papelão feita com uma *caixa de sapatos*. Você vai precisar colocá-lo em um lugar onde o vento bata na bola. Quanto mais forte o vento, mais a bola vai se mover.

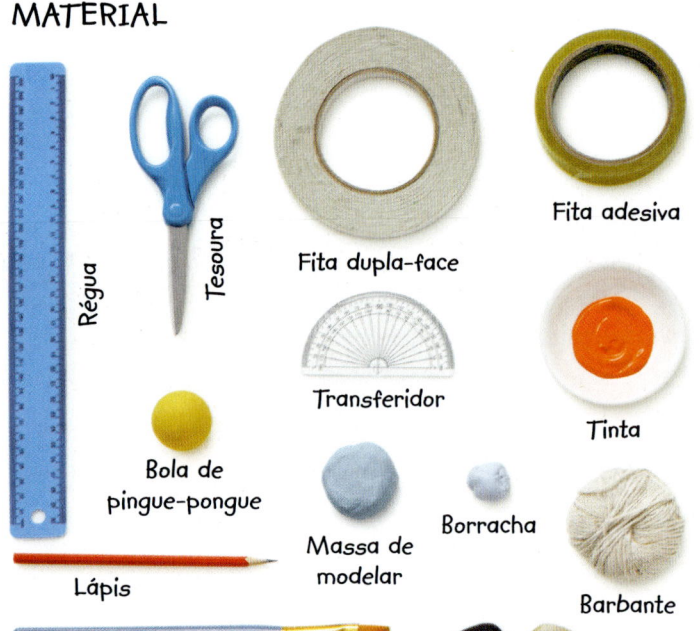

Tempo
1 hora mais o tempo de secagem

Dificuldade
Alta

MATERIAL

- Régua
- Tesoura
- Fita dupla-face
- Fita adesiva
- Transferidor
- Tinta
- Bola de pingue-pongue
- Massa de modelar
- Borracha
- Barbante
- Lápis
- Pincel
- Clipe de papel
- Pedras
- Caixa de sapatos
- Alfinete
- Papel colorido
- Papelão grosso
- Canudo
- Espeto de madeira
- Sacola plástica

1 Faça uma marca a 1,5 cm de cada borda do fundo e das laterais maiores da caixa de sapatos. Use essas marcas para desenhar um retângulo em cada face.

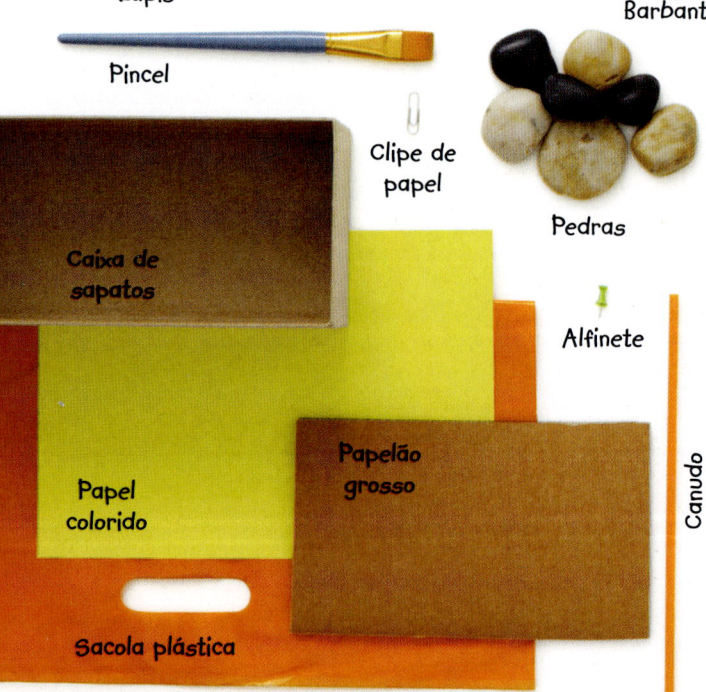

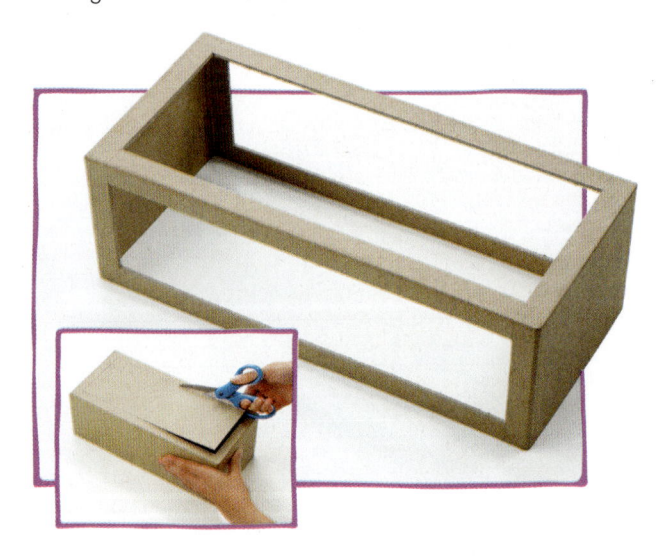

2 Com cuidado, recorte os retângulos que desenhou em cada uma das três faces, criando uma moldura aberta.

ANEMÔMETRO **61**

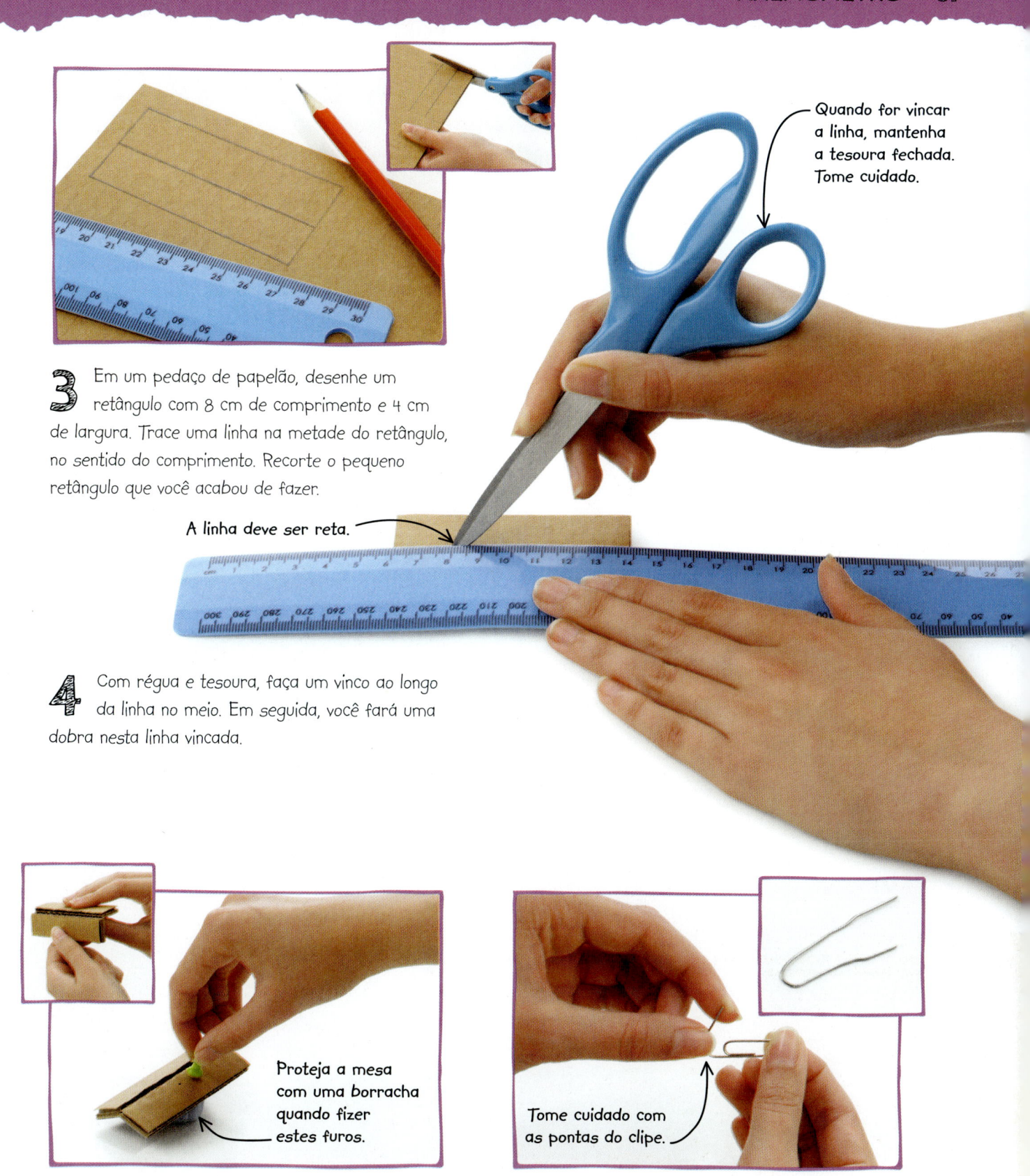

Quando for vincar a linha, mantenha a tesoura fechada. Tome cuidado.

3 Em um pedaço de papelão, desenhe um retângulo com 8 cm de comprimento e 4 cm de largura. Trace uma linha na metade do retângulo, no sentido do comprimento. Recorte o pequeno retângulo que você acabou de fazer.

A linha deve ser reta.

4 Com régua e tesoura, faça um vinco ao longo da linha no meio. Em seguida, você fará uma dobra nesta linha vincada.

Proteja a mesa com uma borracha quando fizer estes furos.

Tome cuidado com as pontas do clipe.

5 Tomando cuidado para não se espetar com o alfinete, faça dois furos com ele em um dos lados do seu retângulo de papelão. Eles devem ficar a cerca de 3,5 cm das pontas do retângulo e a mais ou menos 1 cm um do outro.

6 Abra o clipe de papel para criar uma forma de "U". Este passo é complicado, então peça ajuda a um adulto.

62 O MUNDO DO CLIMA

Este espacinho é onde você vai amarrar o barbante depois.

Dobre as extremidades para manter o gancho no lugar – você pode acrescentar fita adesiva para deixá-lo ainda mais preso.

7 Atravesse as extremidades do clipe de papel pelos furos que você fez e deixe um pequeno vão acima para criar um gancho. Dobre as duas extremidades para fora.

8 Trace o contorno do transferidor no papel colorido ou use o molde no fim do livro, na página 138. Recorte a forma semicircular.

9 Cole dois pedaços de fita dupla-face no semicírculo. Retire a película protetora e prenda o papel no transferidor.

Cole o lado reto do transferidor logo abaixo do gancho.

10 Use outro pedaço de fita dupla-face para prender o transferidor ao retângulo, deixando a parte curva para baixo.

11 Agora você precisará de um último pedaço de fita dupla-face para fazer com que o outro lado do retângulo de papelão fique colante. Tire a proteção.

12 Prenda o retângulo de papelão à parte interna de um dos lados da caixa, como mostrado.

ANEMÔMETRO **63**

Use uma borracha para proteger a mesa.

13 Pinte toda a moldura de papelão e a bola de pingue-pongue. Não pinte o transferidor! Deixe que sequem.

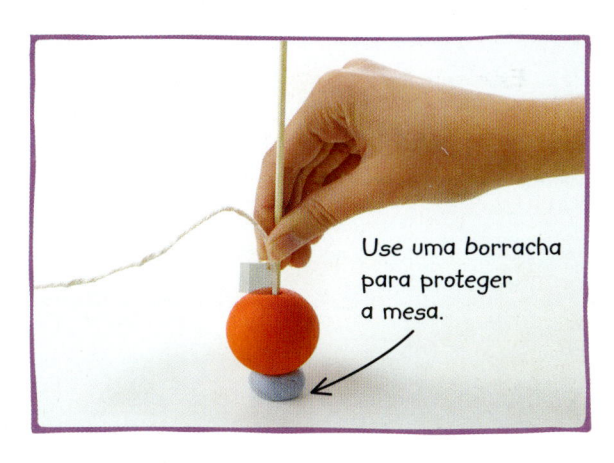

14 Prenda o barbante com fita à ponta afiada do espeto. Atravesse a bola de pingue-pongue com o espeto e, quando o barbante aparecer do outro lado, segure-o e tire a fita adesiva para soltá-lo. Puxe e descarte o espeto.

15 Corte o barbante, deixando-o longo o bastante para que a bola de pingue-pongue fique pendurada perto da base da moldura. Faça um nó em uma das extremidades do barbante para impedir que a bola escape.

Se tiver dificuldade, peça ajuda a um adulto.

16 Amarre a ponta livre do barbante no gancho feito com o clipe.

O MUNDO DO CLIMA

17 Prenda um pouco de massa de modelar atrás de onde o transferidor encontra a moldura para garantir que ele fique na vertical. Umedeça a massa se ela não estiver grudando ou se ela deixar de grudar depois de um tempo.

18 Recorte um pedaço da sacola de plástico, no formato de um triângulo comprido, e prenda-o à ponta do canudo com fita adesiva.

19 Use fita adesiva para colar o canudo perto do alto de uma das bordas da moldura. Leve seu anemômetro para um lugar ao ar livre.

A bandeira indicará em que direção o vento está soprando.

Tome cuidado para não deixar seu anemômetro fora de casa ao relento, pois o papelão irá ceder se ficar molhado.

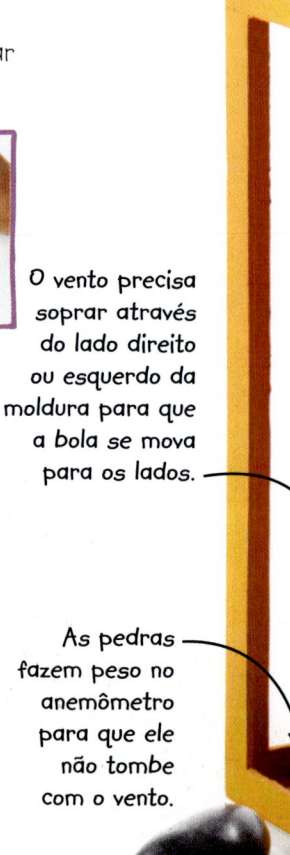

O vento precisa soprar através do lado direito ou esquerdo da moldura para que a bola se mova para os lados.

As pedras fazem peso no anemômetro para que ele não tombe com o vento.

20 Posicione seu anemômetro de forma que a bandeira aponte para a direita ou para a esquerda quando você olha o transferidor. Para obter uma medição precisa, não o deixe muito perto de construções ou árvores. Coloque pedras na base para fazer peso e observe a bola se deslocar na diagonal, empurrada pelo vento. Anote o ângulo que o barbante atinge e consulte a próxima página para descobrir a velocidade do vento equivalente.

ANEMÔMETRO 65

COMO FUNCIONA

Quando o vento sopra (quando o ar *se move*), a bola de pingue-pongue é empurrada para o lado. Ela é sustentada pelo barbante, por isso balança para cima ao ser empurrada para o lado. Quanto mais rápido o vento sopra, mais forte é o impulso e maior o movimento da bola de pingue-pongue para cima. Você pode estimar a velocidade do vento a partir do ângulo que a corda indica no transferidor observando a tabela abaixo.

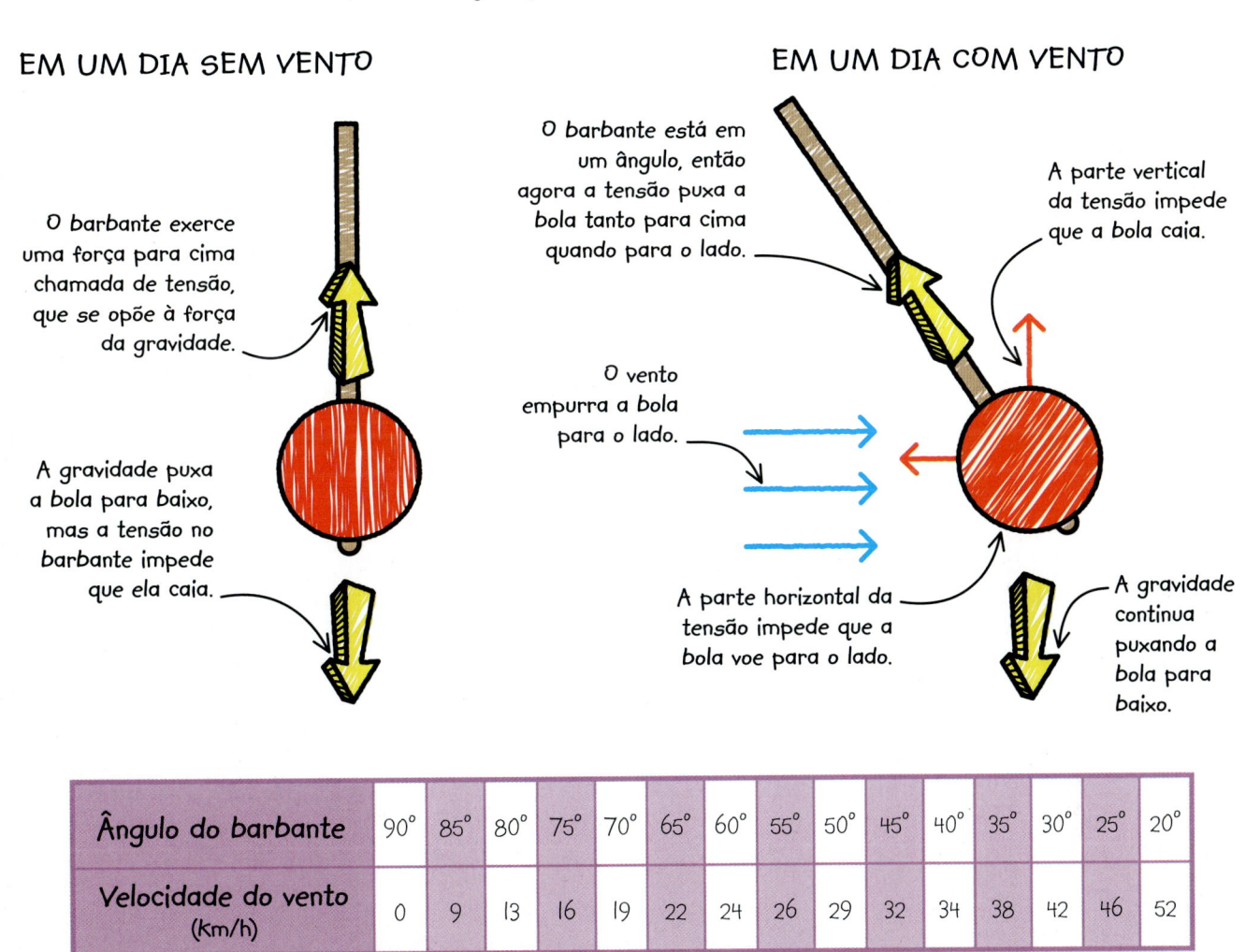

EM UM DIA SEM VENTO

O barbante exerce uma força para cima chamada de tensão, que se opõe à força da gravidade.

A gravidade puxa a bola para baixo, mas a tensão no barbante impede que ela caia.

EM UM DIA COM VENTO

O barbante está em um ângulo, então agora a tensão puxa a bola tanto para cima quanto para o lado.

A parte vertical da tensão impede que a bola caia.

O vento empurra a bola para o lado.

A parte horizontal da tensão impede que a bola voe para o lado.

A gravidade continua puxando a bola para baixo.

Ângulo do barbante	90°	85°	80°	75°	70°	65°	60°	55°	50°	45°	40°	35°	30°	25°	20°
Velocidade do vento (km/h)	0	9	13	16	19	22	24	26	29	32	34	38	42	46	52

CIÊNCIA DO MUNDO REAL
MEDINDO A VELOCIDADE DO VENTO

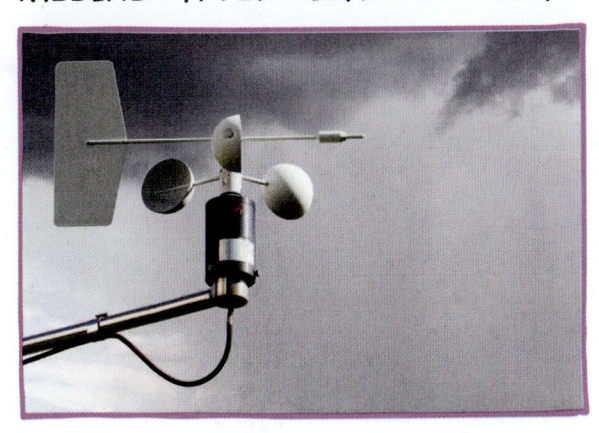

Uma estação meteorológica é um lugar onde os meteorologistas observam e acompanham condições climáticas ao longo do tempo. Em geral, eles usam um tipo de aparelho chamado anemômetro de conchas, que tem três ou quatro conchas (também chamadas de copos ou canecas) presas a um mastro vertical. O vento empurra as conchas, o que faz com que um gerador preso ao mastro gire. Quanto mais rápido o vento sopra, mais energia elétrica é produzida pelo gerador. Um computador analisa a quantidade de energia elétrica gerada para registrar a velocidade do vento.

ROCHAS RACHADAS

Este experimento explora os "ciclos de gelo e degelo", um processo que se inicia quando a água entra nas pequenas rachaduras de uma rocha. Conforme a temperatura cai à noite e sobe durante o dia, essa água congela, depois derrete... depois congela e derrete de novo. A água é um dos poucos líquidos que se expande quando congela, por isso, ao longo do tempo, esse constante congelamento e descongelamento deixa as rachaduras cada vez mais largas, até que mesmo a rocha mais dura se quebra em vários pedaços.

O balão nesta "rocha" tem apenas ar dentro, por isso a rocha não se quebrou.

AR E ÁGUA

Dentro de algumas destas "rochas" de gesso há balões azuis cheios de água, para simular o efeito do ciclo de gelo e degelo. O intemperismo (alterações nas rochas) é um processo extremamente lento, mas as suas "rochas" vão se quebrar da noite para o dia.

Estas "rochas" são feitas de uma mistura de gesso, terra, areia e água.

O gesso se quebrou porque a água dentro do balão se expandiu ao congelar.

O MUNDO DO CLIMA

COMO FAZER
ROCHAS RACHADAS

Esta atividade exige paciência. Você vai deixar o gesso secar durante a noite e, na noite seguinte, vai deixá-lo no congelador. Se você tiver pele sensível, use luvas de proteção para mexer com o gesso.

Tempo
30 minutos mais 48 horas de secagem e congelamento

Dificuldade
Alta

Alerta
Peça ajuda a um adulto para mexer com o gesso

MATERIAL

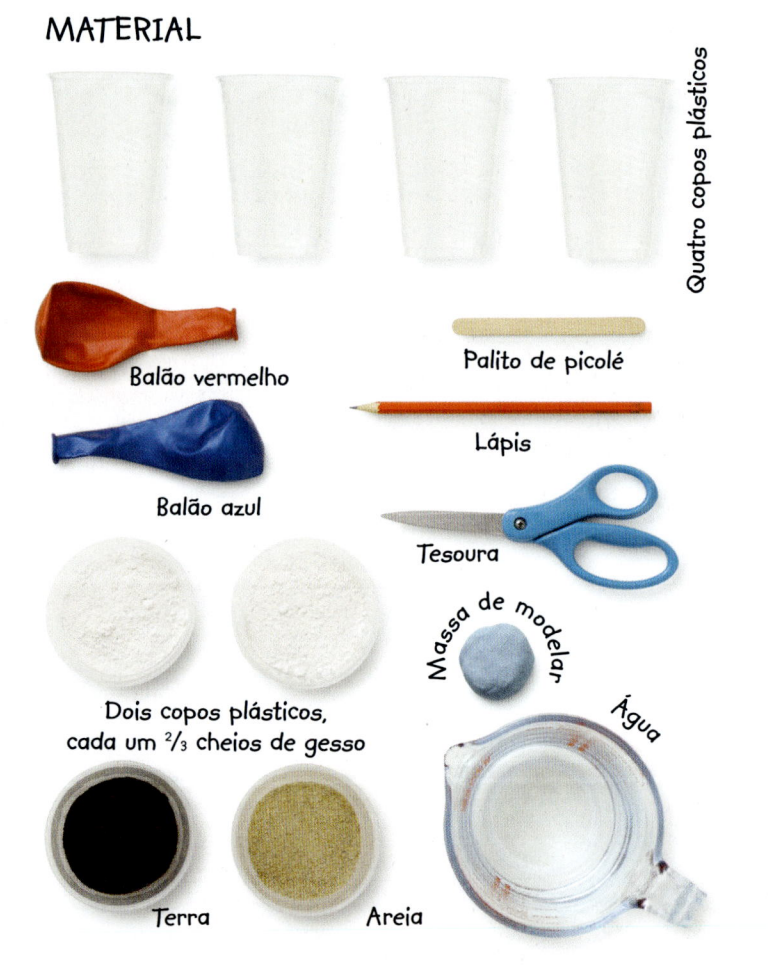

- Quatro copos plásticos
- Balão vermelho
- Balão azul
- Palito de picolé
- Lápis
- Tesoura
- Massa de modelar
- Água
- Dois copos plásticos, cada um 2/3 cheios de gesso
- Terra
- Areia

Estique a ponta (a parte mais estreita) em volta de dois dedos.

Passe a ponta por dentro.

Puxe para dar o nó.

1 Encha de ar o balão vermelho apenas um pouco e faça um nó na ponta. Para dar o nó, estique a parte estreita do balão em volta de dois dedos para fazer uma espécie de alça, depois passe a ponta por cima e por dentro dessa alça usando o espaço entre seus dedos e puxe com firmeza. Se tiver dificuldade, peça ajuda a um adulto.

É melhor fazer isto fora de casa ou na pia.

2 Encha o balão azul com um pouco de água até que ele fique mais ou menos do mesmo tamanho do balão vermelho. Dê um nó – tente não derramar água!

ROCHAS RACHADAS **69**

3 Coloque um copo plástico em cima da massa de modelar e, com o lápis, fure o fundo. Faça o mesmo com o segundo copo.

Tome cuidado para não estourar o balão com a ponta do lápis!

4 Com o lápis, empurre o nó do balão vermelho pelo furo na base de um dos copos. Faça o mesmo com o balão azul.

Seus dois copos agora contêm um balão azul com água e um balão vermelho com ar.

5 Vire os copos de cabeça para baixo. Os balões não podem estar tão cheios a ponto de encostar nas laterais dos copos.

A massa de modelar vai manter o balão no lugar e vedar o furo.

6 Faça dois discos achatados de massa de modelar. Pressione um disco sobre o nó de cada balão.

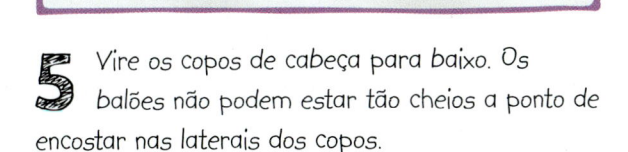

7 Coloque cada copo que você acabou de preparar dentro de outro copo, para impedir que o gesso vaze no próximo passo.

8 Pegue um dos copos com gesso e acrescente água aos poucos, até que fique com a consistência de um creme espesso. Misture com o palito de picolé.

O gesso vai formar bolhas e esquentar quando você adicionar água.

O MUNDO DO CLIMA

9 Acrescente ao gesso um pouco de areia e, depois, um pouco de terra. Misture bem com o palito.

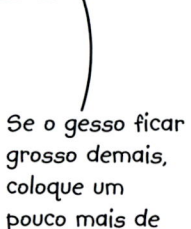

Se o gesso ficar grosso demais, coloque um pouco mais de água e misture.

10 Despeje a mistura em cima do balão vermelho. Pegue o segundo copo com gesso e repita os passos 8 e 9, depois despeje a mistura sobre o balão azul.

11 Você agora terá dois copos cheios de gesso, terra e areia, um com o balão vermelho e outro com o balão azul. Deixe-os secar durante a noite em um lugar onde não corram o risco de serem derrubados sem querer.

12 No dia seguinte, o gesso deve estar duro como pedra. Remova os copos externos e a massa de modelar que cobre os nós dos balões.

Não corte o nó.

13 Corte o excesso de borracha acima do nó de cada balão. Tome cuidado para não cortar o nó em si, senão os balões podem vazar.

14 Faça um corte com a tesoura em cada copo e os abra, retirando todo o plástico e deixando suas "rochas" com a ponta do balão para fora.

Tome cuidado com as bordas do plástico quando estiver retirando o copo.

ROCHAS RACHADAS   71

15 Deixe as duas "rochas" no congelador de um dia para outro. Você pode colocá-las em uma bandeja para evitar sujeira. A temperatura do experimento cairá até abaixo do ponto de congelamento da água. A água dentro do balão vai congelar.

A pedra com o balão vermelho dentro não rachou porque o ar não se expandiu.

16 No dia seguinte, tire suas duas rochas do congelador e as examine. Você vai descobrir que o balão azul cheio de água se expandiu e quebrou o gesso.

COMO FUNCIONA

Lembra que a água é feita de partículas minúsculas chamadas moléculas? Mesmo em uma pequena gota existem trilhões de moléculas. Quando a água está em estado líquido, as moléculas se movimentam ao redor umas das outras. Quando a água congela, elas se prendem em um padrão hexagonal regular, que toma mais espaço do que quando a água estava na forma líquida. É por isso que a água se expande no congelador, quebrando o gesso. Já as moléculas de ar se aproximam conforme esfriam, então o balão vermelho não afeta o gesso.

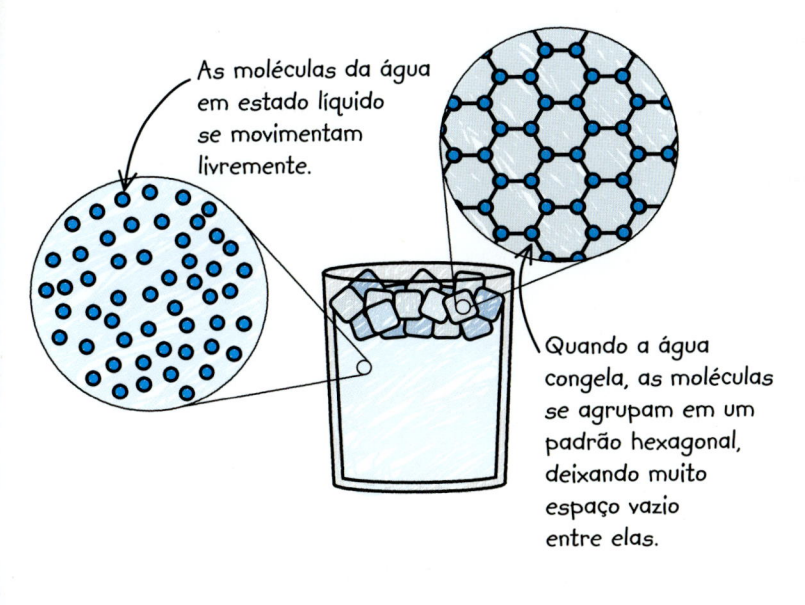

As moléculas da água em estado líquido se movimentam livremente.

Quando a água congela, as moléculas se agrupam em um padrão hexagonal, deixando muito espaço vazio entre elas.

CIÊNCIA DO MUNDO REAL
ROCHAS RACHADAS

O ciclo de gelo e degelo é muito comum em certos desertos, onde as temperaturas podem alcançar 50°C durante o dia mas caem para abaixo de 0°C à noite. Mas esse processo não afeta só as rochas. A expansão da água ao congelar pode rachar o encanamento das casas também. Ela pode até mesmo quebrar motores de carro, por isso as pessoas costumam colocar anticongelante no sistema de refrigeração do motor durante o inverno em locais de clima muito frio, o que evita que a água congele.

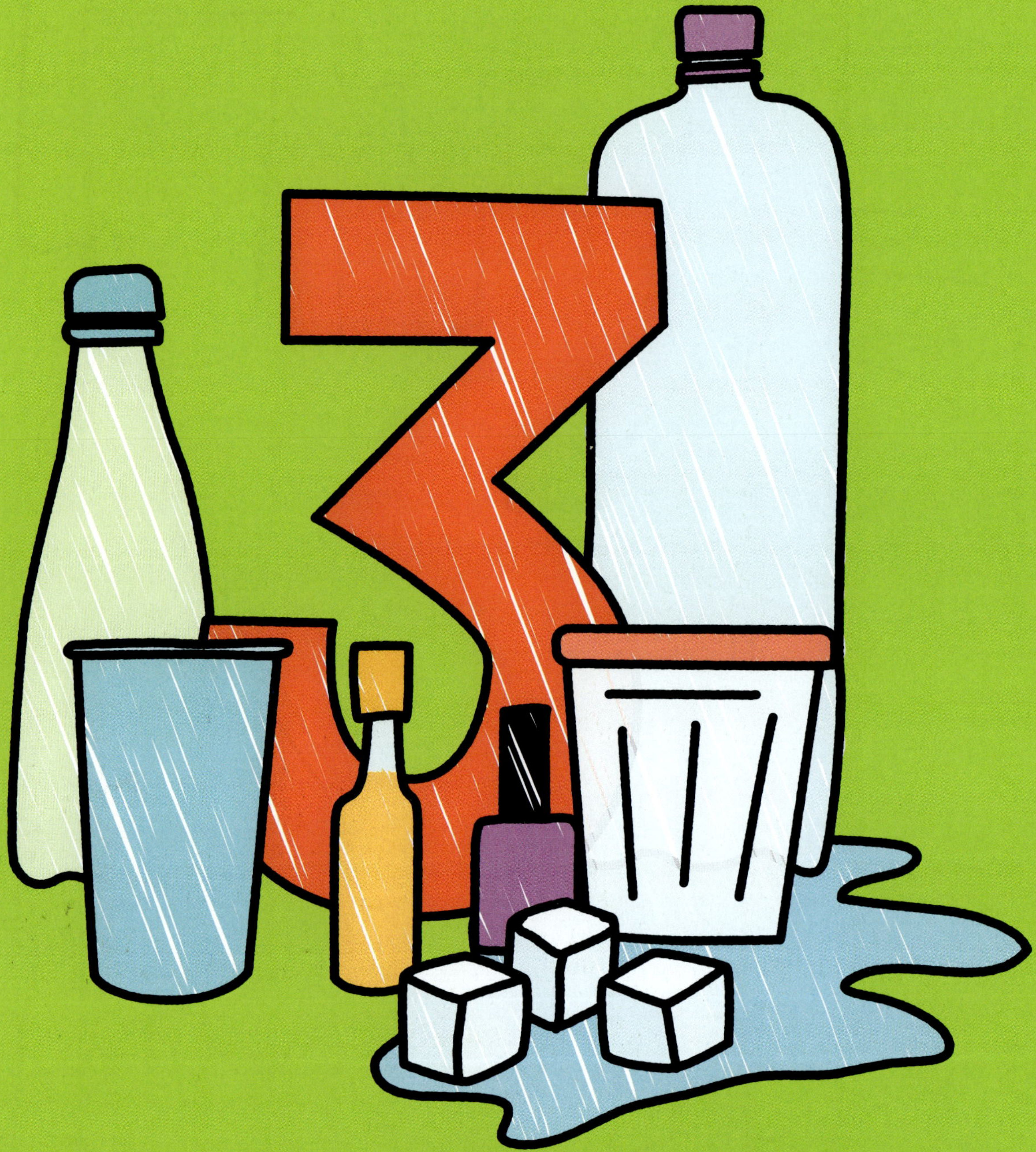

O PODER DA ÁGUA

Com os experimentos deste capítulo, você terá a chance de explorar uma substância que talvez seja a mais fascinante e mais importante da Terra: a água. Em estado líquido, ela tem algumas propriedades incríveis, e você vai fazer experimentos variados com elas – a começar por bolhas gigantes. Mas você também vai poder experimentar com o gelo ao fazer seu próprio sorvete!

FLUTUANDO POR AÍ

Bolhas pequenas têm a superfície perfeitamente esférica e muito contraída. Elas tendem a cair no chão muito rápido, pois contêm pouco ar. Já as bolhas grandes têm muito ar, por isso flutuam por mais tempo. Além disso, a superfície de bolhas grandes é menos uniforme que a de bolhas pequenas, o que permite criar os formatos mais doidos!

BOLHAS GIGANTES

É maravilhoso observar bolhas enormes e coloridas flutuando graciosamente. Nesta atividade, você vai aprender a fazer uma mistura ótima para criar bolhas imensas e brilhantes e um lançador. Esta atividade precisa ser feita ao ar livre, pois estas bolhas fazem uma lambança quando estouram!

O PODER DA ÁGUA

COMO CRIAR
BOLHAS GIGANTES

Você vai ter mais facilidade de fazer bolhas gigantes que durem mais tempo se o ar estiver úmido, ou seja, logo antes ou depois de chover. O ar fica úmido se houver bastante vapor nele. Quando há muita água no ar, a água no sabão evapora bem mais devagar, e é por isso que as bolhas duram mais.

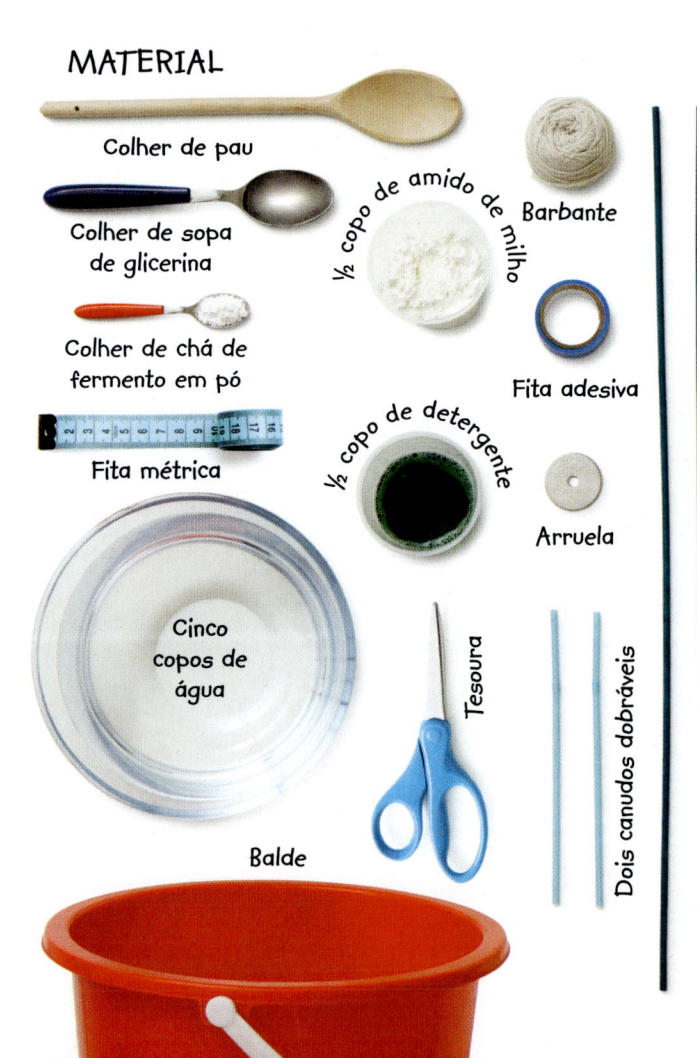

Tempo
90 minutos

Dificuldade
Média

MATERIAL

- Colher de pau
- Colher de sopa de glicerina
- Colher de chá de fermento em pó
- Fita métrica
- ½ copo de amido de milho
- Barbante
- Fita adesiva
- ½ copo de detergente
- Arruela
- Cinco copos de água
- Tesoura
- Dois canudos dobráveis
- Duas varetas de jardinagem
- Balde

1 Despeje no balde a água, que deve estar um pouco aquecida para ajudar os ingredientes a se misturarem.

2 Acrescente o amido de milho à água e mexa com a colher de pau. Se o amido afundar, é só mexer de novo.

3 Acrescente a glicerina, o fermento e o detergente. Mexa de leve, tentando não criar muita espuma. Deixe a mistura descansar por mais ou menos uma hora, mexendo de vez em quando.

BOLHAS GIGANTES   77

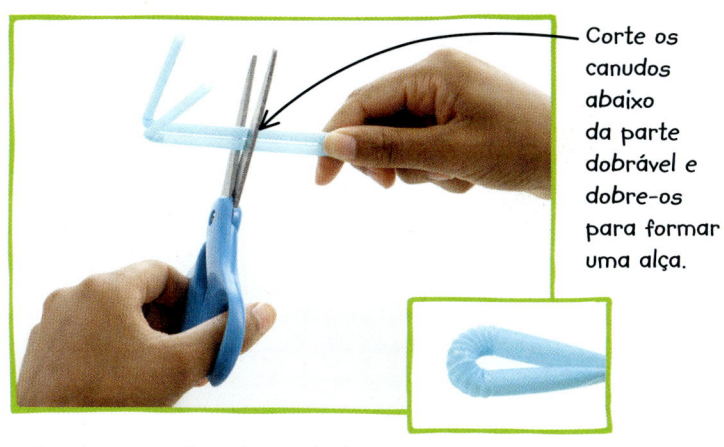

Corte os canudos abaixo da parte dobrável e dobre-os para formar uma alça.

4 Agora você pode construir o lançador de bolhas. Corte dois canudos no meio, depois dobre cada metade novamente no meio, na parte dobrável, para criar uma alça.

5 Pressione a alça contra a ponta de uma das varetas de jardim, depois prenda firmemente um pedaço de fita adesiva em volta deles para prender a alça. Repita este passo na outra vareta.

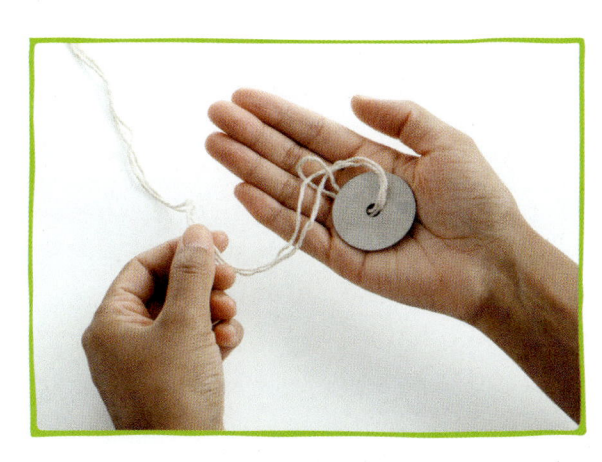

6 Corte um pedaço de barbante de 2 m (meça com a fita métrica). Amarre a arruela na metade do barbante com um nó, para que ela crie um peso que puxe o barbante para baixo.

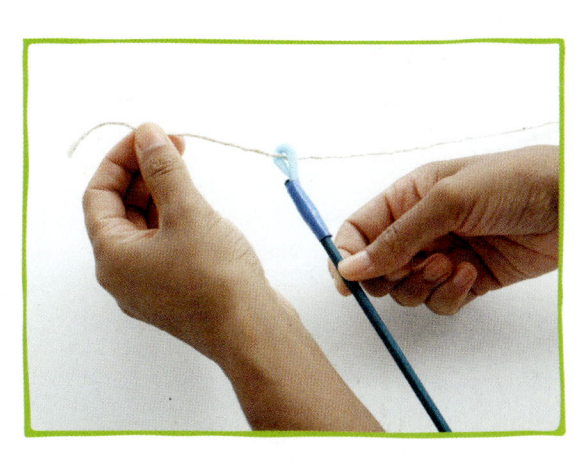

7 Passe uma ponta do barbante através de cada alça.

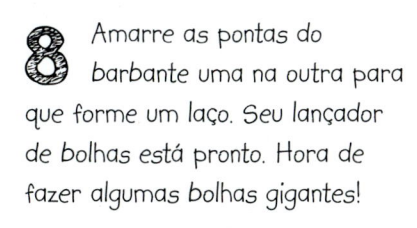

8 Amarre as pontas do barbante uma na outra para que forme um laço. Seu lançador de bolhas está pronto. Hora de fazer algumas bolhas gigantes!

Cuidado para não embolar seu barbante quando estiver amarrando as pontas.

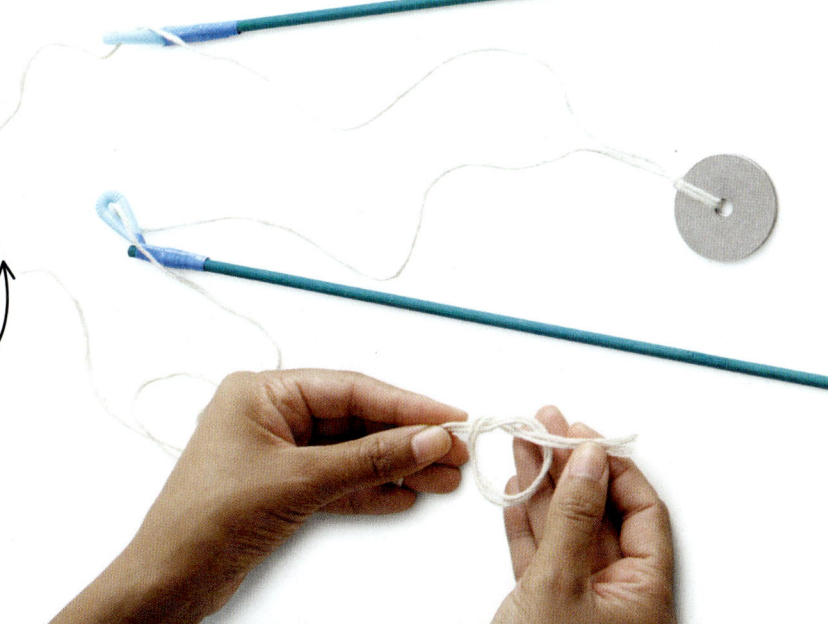

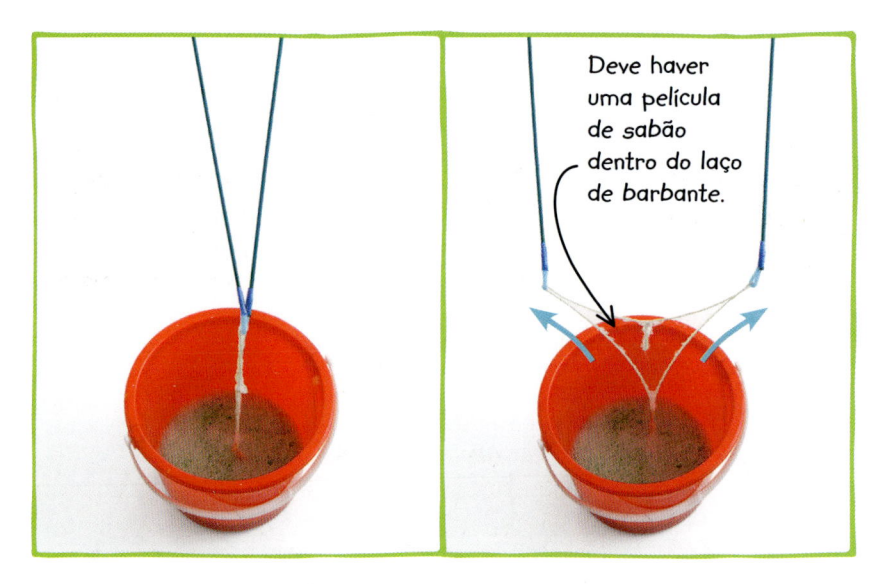

78 O PODER DA ÁGUA

Deve haver uma película de sabão dentro do laço de barbante.

9 Mergulhe o barbante na mistura e faça um movimento de torção com ele. Tire o barbante da mistura, levantando com cuidado as varetas. Mantenha as varetas próximas uma da outra neste momento e confira se o barbante está ensopado da mistura.

10 Quando tiver retirado completamente o lançador de bolhas da mistura, afaste as varetas devagar. Talvez você precise treinar um pouco. Enquanto afasta as varetas, dê um passo para trás para prender um pouco de ar na película de sabão. Para fechar uma bolha, aproxime as varetas.

Conforme você afastar as varetas, a película de sabão deve esticar.

Por que não tentar usar diferentes tipos de barbante no lançador de bolhas ou acrescentar ingredientes diferentes à mistura?

PARA IR ALÉM

Experimente passar a mão pela película de sabão dentro do laço de barbante – a película só vai estourar se a sua mão estiver seca. Quando sua mão seca fura a película, a água recua em todas as direções e a película se quebra. Já com a mão molhada, a água da película adere à água na sua mão. Se você tirar a mão, a película vai se fechar novamente. A mistura para fazer bolhas pode irritar sua pele, então é melhor usar luvas de proteção nesta etapa.

BOLHAS GIGANTES 79

COMO FUNCIONA

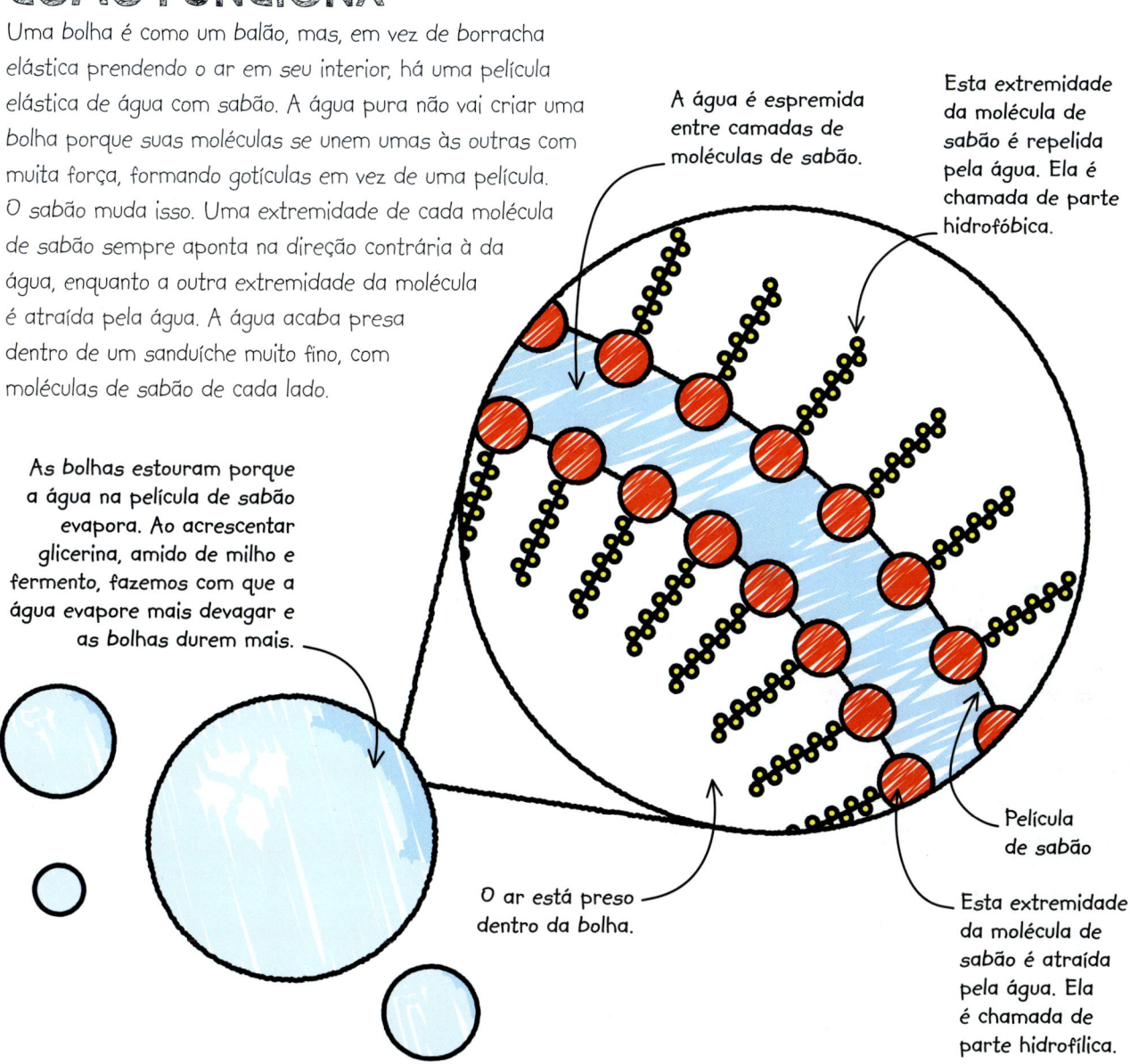

Uma bolha é como um balão, mas, em vez de borracha elástica prendendo o ar em seu interior, há uma película elástica de água com sabão. A água pura não vai criar uma bolha porque suas moléculas se unem umas às outras com muita força, formando gotículas em vez de uma película. O sabão muda isso. Uma extremidade de cada molécula de sabão sempre aponta na direção contrária à da água, enquanto a outra extremidade da molécula é atraída pela água. A água acaba presa dentro de um sanduíche muito fino, com moléculas de sabão de cada lado.

A água é espremida entre camadas de moléculas de sabão.

Esta extremidade da molécula de sabão é repelida pela água. Ela é chamada de parte hidrofóbica.

As bolhas estouram porque a água na película de sabão evapora. Ao acrescentar glicerina, amido de milho e fermento, fazemos com que a água evapore mais devagar e as bolhas durem mais.

O ar está preso dentro da bolha.

Película de sabão

Esta extremidade da molécula de sabão é atraída pela água. Ela é chamada de parte hidrofílica.

CIÊNCIA DO MUNDO REAL
BOLHAS NA NATUREZA

Bolhas são comuns na natureza. Algumas substâncias produzidas por plantas ou animais se dissolvem na água e agem um pouco como o sabão. Elas formam películas finas de água e o ar fica preso dentro delas. Bolhas se formam onde há respingos – como na base de uma cachoeira – e alguns animais chegam a produzi-las de propósito. Este caracol violeta sopra bolhas em seu muco para fazer uma jangada flutuante, que usa para navegar em mar aberto por centenas de quilômetros.

ÁGUA ROTATÓRIA

Cada um desses dispositivos de redemoinhos usa duas garrafas presas uma em cima da outra com fita adesiva. Uma das garrafas é cheia de água e a outra está cheia de ar. Vire o dispositivo, para que a água seja coletada na garrafa de cima, e dê uma leve sacudida. A água vai começar a girar e um redemoinho se formará. Você pode usar seu dispositivo quantas vezes quiser, é só virá-lo de cabeça para baixo!

O ar escapa para cima pelo meio do redemoinho, ou vórtex.

REDEMOINHO GIRATÓRIO

Quando a água escorre por um ralo ou quando um remo é puxado através da água, vemos redemoinhos giratórios em forma de funil, ou "vórtices". Essas correntes de torção também se formam em lagos, em rios e no mar, onde ondas e marés criam fluxos de água que se movem em direções opostas. Com duas garrafas de plástico, corante alimentício, fita adesiva e um pouco de água, você pode fazer seu dispositivo de redemoinhos hipnotizantes.

Uma força chamada centrípeta age na água, fazendo com que ela gire para dentro, na direção do centro.

A água gira mais rápido no centro do vórtex.

COMO CRIAR UM
REDEMOINHO GIRATÓRIO

Estes dispositivos de redemoinho se parecem um pouco com ampulhetas, mas com água em vez de areia. Não é complicado fazê-los. Você vai precisar de duas garrafas plásticas grandes e água colorida. A ponta onde as garrafas se juntam precisará ser bem selada, para evitar vazamentos.

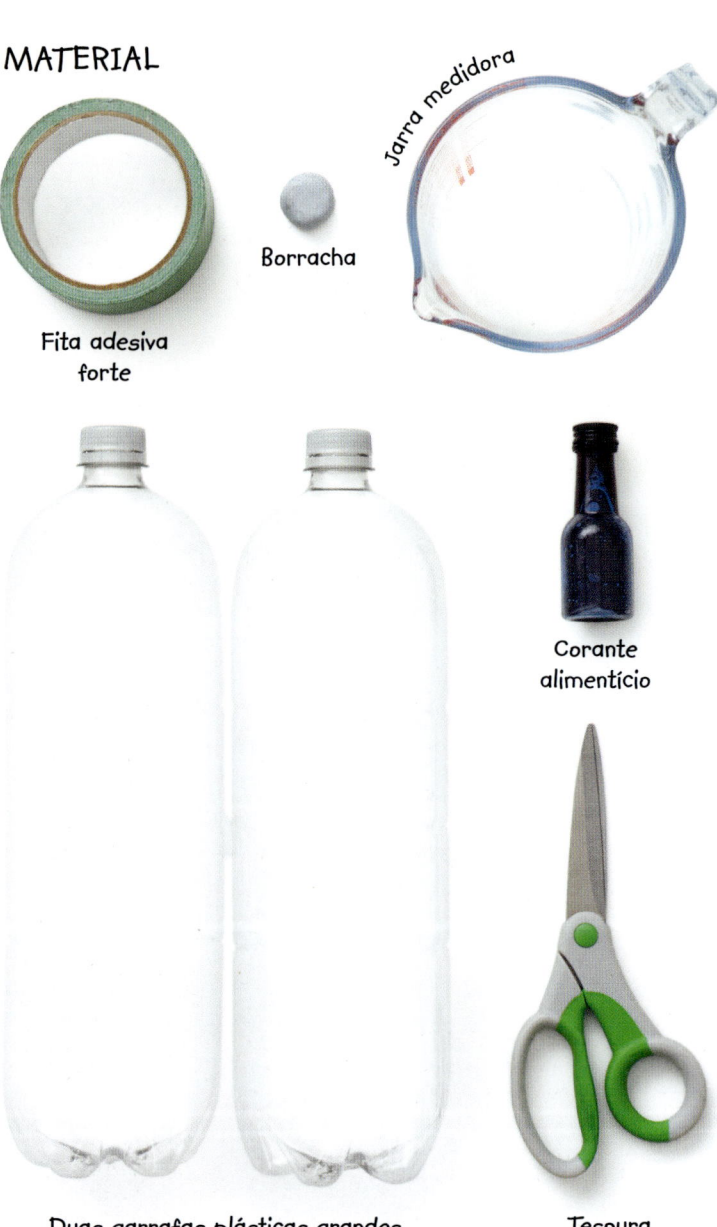

Tempo 15 minutos

Dificuldade Média

MATERIAL

- Fita adesiva forte
- Borracha
- Jarra medidora
- Corante alimentício
- Duas garrafas plásticas grandes
- Tesoura

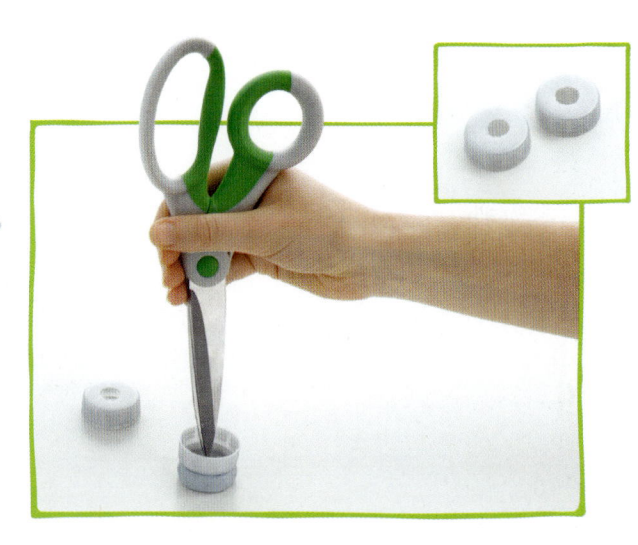

1. Coloque uma tampa de garrafa de cabeça para baixo em cima de uma borracha. Peça a ajuda de um adulto para fazer um buraco com cerca de 1 cm de diâmetro usando a tesoura. Repita com a outra tampa.

2. Encha de água a jarra medidora e coloque um pouco de corante alimentício. Você vai precisar encher a garrafa quase toda, então provavelmente vai ter que encher a jarra de água mais de uma vez.

REDEMOINHO GIRATÓRIO   83

Esta garrafa está cheia de ar.

Encha a garrafa quase até a boca.

4 Rosqueie as tampas das duas garrafas, deixando-as bem apertadas para impedir que qualquer água vaze. Um adulto pode ajudar você nisso.

3 Despeje a água colorida em uma das garrafas quase até a boca. Faça isso fora de casa ou em uma pia. Deixe a outra garrafa vazia.

Vai ser mais fácil ver o redemoinho com água colorida.

5 Posicione a garrafa cheia de ar de cabeça para baixo em cima da garrafa com água. Tente alinhar as tampas das duas.

Peça ajuda a um adulto neste passo.

6 Enrole as tampas das duas garrafas com fita adesiva. Deixe-a bem justa, para prender bem firmemente uma garrafa à outra e não deixar que a água escape.

O PODER DA ÁGUA

7 Gire o dispositivo de ponta-cabeça. Se você não mexer muito com a água, ela deve permanecer na garrafa de cima, mesmo sendo mais pesada que o ar abaixo.

A água está pressionando o ar na garrafa de baixo.

Se você tiver prendido bem as duas garrafas com a fita, elas não devem vazar, mas é uma boa ideia fazer este experimento fora de casa, por precaução.

A garrafa de baixo pode parecer vazia, mas não está: o ar está resistindo à pressão da água.

Um pouco de água pode pingar na garrafa de baixo enquanto você estabiliza seu dispositivo de redemoinhos.

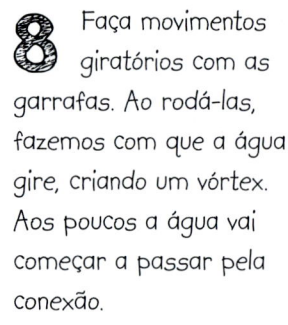

8 Faça movimentos giratórios com as garrafas. Ao rodá-las, fazemos com que a água gire, criando um vórtex. Aos poucos a água vai começar a passar pela conexão.

Conforme escoa, que forma a água cria?

Este redemoinho já está girando há um tempo, por isso há bastante água na garrafa de baixo.

REDEMOINHO GIRATÓRIO 85

COMO FUNCIONA

Logo quando você vira o dispositivo de redemoinhos de ponta-cabeça, a água não escoa, mesmo sendo mais pesada que o ar na garrafa de baixo. Isso acontece porque a garrafa inferior está cheia de ar, que faz pressão na lateral da garrafa e também para cima, contra a água. Essa pressão do ar retém a água na garrafa superior, mas, quando gira o dispositivo, você permite que o ar escape para cima e que a água passe para o fundo.

A pressão da água empurra as laterais da garrafa.

Quando a água está parada, a pressão do ar na garrafa de baixo impede que a água escoe.

O ar nesta garrafa empurra as laterais. Isso é chamado de "pressão do ar".

A chamada "força centrípeta" faz com que a água gire rápido para dentro enquanto escoa, formando um vórtex.

Conforme você gira as garrafas, a água na garrafa de cima começa a passar pela conexão.

O ar logo ocupa o espaço na garrafa de cima.

O ar sobe através do centro do vórtex.

Conforme passa para a garrafa de baixo, a água desloca mais ar para cima.

CIÊNCIA DO MUNDO REAL
TORNADOS

O vórtice que você criou em suas garrafas de redemoinho parece muito outro tipo de vórtice: um tornado. Esses perigosos e aterrorizantes ventos rodopiantes se estendem da base das nuvens de tempestade rumo ao solo e podem destruir árvores, casas e carros. Um tornado se forma quando uma corrente de ar descendente (para baixo) de uma nuvem de tempestade puxa o ar de tudo ao seu redor, criando uma coluna que gira muito depressa, com ventos muito velozes.

ADMIRÁVEL ÁGUA

Usamos água todos os dias – para lavar, cozinhar, beber, molhar as plantas, nadar... Ela enche os rios, lagos e oceanos da Terra e muitas vezes a vemos cair como chuva, então todos conhecemos bem sua textura e o que acontece com ela em diferentes situações. Mas a água ainda pode nos surpreender, como estas duas atividades mostram. Faça estes experimentos fora de casa, ou pelo menos na pia da cozinha, porque você pode se molhar!

O QUE É A ÁGUA?

Como vimos, a água é feita de partículas extremamente minúsculas chamadas moléculas. Uma única gota de água é formada por trilhões de moléculas, de tão pequenas que são. No estado líquido, elas se movimentam livremente ao redor umas das outras – é por isso que a água escorre. Mas elas também podem ficar bem agarradas, e é por isso que você vê gotículas quando derrama um pouco de água.

Aprenda sobre densidade com estes potes coloridos de água salgada.

Quando estes alfinetes forem retirados, o que você acha que vai acontecer?

COMO FAZER
POTES DE ÁGUA SALGADA

Tempo 15 minutos

Dificuldade Baixa

Nesta atividade, você vai colocar sal em um copo d'água até que ele não se dissolva mais. O sal aumenta a densidade da água porque acrescenta massa (quantidade de matéria) a um mesmo volume (o espaço que a matéria ocupa). Depois, você vai misturar a água salgada com água normal de duas maneiras diferentes e vai se surpreender com o resultado.

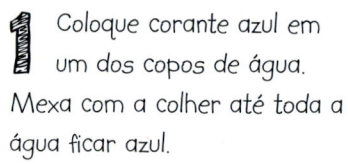

MATERIAL

- Dois copos plásticos com água
- Corante alimentício vermelho
- Corante alimentício azul
- ½ copo de sal
- Colher
- Dois potes de vidro

1 Coloque corante azul em um dos copos de água. Mexa com a colher até toda a água ficar azul.

2 Coloque corante vermelho no outro copo de água e mexa.

3 Acrescente sal à água vermelha e mexa para dissolver. Pode parar de colocar sal quando ele não estiver mais se dissolvendo. (Coloque sal até ele não se dissolver mais.)

4 Despeje metade da água azul (sem sal) em um dos potes de vidro e metade da água vermelha (com sal) no outro.

POTES DE ÁGUA SALGADA **89**

5 Agora vamos colocar o restante da água vermelha no vidro com água azul. Acrescente devagar a água vermelha, derramando-a na parte de trás da colher e deixando escorrer para o vidro.

6 Com cuidado, faça o mesmo para colocar o restante da água azul no vidro com água vermelha.

7 Deixe os vidros descansarem por um tempo. Você vai ver que em um deles as duas cores se misturam, mas no outro elas permanecem separadas.

COMO FUNCIONA

Adicionar sal à água vermelha quase não muda o seu volume, mas aumenta muita a massa, tornando-a mais densa que a água azul (sem sal). Quando a água vermelha, que é mais densa, é despejada sobre a azul, ela afunda e as duas cores se misturam. Quando você faz o contrário – coloca a água vermelha antes da azul –, a azul boia, porque foi colocada sobre um líquido com densidade maior.

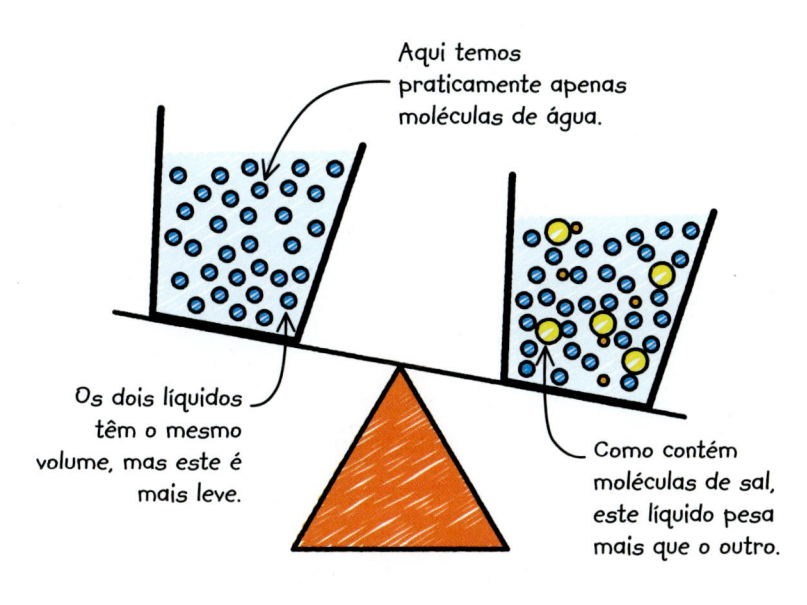

Aqui temos praticamente apenas moléculas de água.

Os dois líquidos têm o mesmo volume, mas este é mais leve.

Como contém moléculas de sal, este líquido pesa mais que o outro.

CIÊNCIA DO MUNDO REAL
LAGOS SUBMARINOS

Nesta foto, o mergulhador está nadando *acima* de um rio de água muito salgada... É um rio submarino, que fica no fundo de um enorme poço! Assim como ocorreu no nosso experimento, a água salgada permanece no fundo porque é mais densa que a doce. A água salgada é chamada de salmoura, e também existem lagos submarinos de água salgada, conhecidos como piscinas de salmoura.

O PODER DA ÁGUA

COMO FAZER UMA
GARRAFA ALFINETADA

Aprenda como fazer a água desafiar a gravidade! Você pode furar uma garrafa cheia de água sem que o líquido vaze, desde que a tampa fique bem fechada. Esta atividade simples mas surpreendente permite que você explore as forças da pressão da água e do ar. Não se esqueça de reciclar a garrafa quando terminar o experimento.

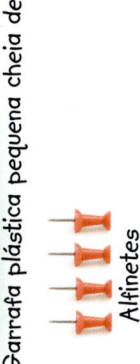

Tempo: 15 minutos

Dificuldade: Baixa

MATERIAL
- Garrafa plástica pequena cheia de água
- Alfinetes

1 Pegue sua garrafa cheia de água e espete um alfinete com cuidado perto do fundo, sem tirá-lo.

2 Espete mais alfinetes, sempre na horizontal, sem incliná-los. Você pode posicionar os alfinetes onde quiser. Aqui, nós os colocamos em uma linha horizontal perto da base da garrafa.

A água não consegue escapar porque os alfinetes bloqueiam os furos que fizeram.

Vazou água?

3 Agora vem a parte complicada. Com cuidado, retire os alfinetes um por um. Puxe-os na horizontal, não na diagonal, para que os furos deixados sejam pequenos e redondos.

4 Após retirar todos os alfinetes, observe a garrafa por alguns instantes. Você vai descobrir que a água não escapa, apesar de haver buracos na garrafa.

Um pouco de água pode começar a escapar, mas pequenas bolhas de ar entram na garrafa, substituindo a água perdida.

GARRAFA ALFINETADA 91

A pressão atmosférica impede que a água saia.

5 Tente fazer este passo na pia ou fora de casa, se puder, pois ele faz bagunça. Destampe a garrafa. A água vai começar a jorrar pelos furos!

O que acontece quando você faz buracos um acima do outro em vez de lado a lado?

A água vaza da garrafa, empurrada pela água acima.

COMO FUNCIONA

Há duas forças agindo sobre a água no fundo da garrafa, perto dos furos. A primeira é a pressão atmosférica – o empurrão do ar fora da garrafa. A segunda é a força da água no alto da garrafa, que em dado momento empurra a água no fundo através dos furos. A pressão atmosférica é suficiente para impedir que a água escape pelos buracos... até que você tira a tampa. Quando a garrafa é destampada, o ar entra nela e empurra a água para baixo, fazendo-a vazar.

TAMPA NA GARRAFA

A pressão da água empurra deste lado.

A pressão atmosférica empurra na direção contrária à da água.

GARRAFA DESTAMPADA

Quando você retira a tampa, o ar entra na garrafa, empurrando a água para baixo.

A água sai pelos furos – por isso é melhor fazer esta atividade fora de casa!

SORVETE

Todo mundo sabe que um copinho de sorvete é uma guloseima deliciosa em um dia quente de verão. Mas você sabia que fazer seu sorvete pode ser ainda mais divertido que tomá-lo? Você precisa apenas de um pouco de ciência, alguns ingredientes simples (leite, creme de leite e açúcar) e muita energia para mexer e misturar tudo. Pode até acrescentar gotas de chocolate ou morangos para recriar seus sabores preferidos, além de granulado para decorar.

Neste experimento vamos fazer sorvete de baunilha, mas você pode testar outros sabores também.

QUE DELÍCIA!

O sorvete é uma mistura de leite e creme de leite que é resfriada abaixo da temperatura de congelamento da água. A água presente no leite e no creme congela sob a forma de pequenos cristais de gelo, dando ao sorvete sua textura característica.

Coloque confeitos ou outro doce para seu sorvete ficar mais crocante.

Pedacinhos de morango na mistura vão dar um colorido ao seu sorvete.

COMO FAZER
SORVETE

Esta atividade de dar água na boca é bem simples, mas pode fazer um pouco de bagunça, então é melhor fazê-la ao ar livre, se possível. Antes de tudo, lave as mãos. E lembre-se de verificar se todos os sacos estão bem fechados antes de sacudi-los, para que a mistura ou o gelo não vazem.

Tempo
40 minutos

Dificuldade
Média

MATERIAL

- Dois panos de prato
- 50 g de açúcar
- Algumas gotas de essência de baunilha
- 180 ml de creme de leite fresco
- 180 ml de leite
- 150 g de sal grosso
- Saco hermético grande
- Dois sacos herméticos pequenos
- Sacola plástica
- Tigela grande cheia de gelo

1 Coloque o creme de leite em um dos sacos herméticos pequenos. O creme de leite é composto por água misturada a gotículas (ou glóbulos) de gordura.

2 Coloque o leite no mesmo saco. Assim como o creme de leite, o leite é formado por água misturada a gotículas de gordura, mas em menor quantidade.

3 Acrescente açúcar para seu sorvete ficar doce. O açúcar também ajuda a impedir que os cristais de gelo que se formam na mistura fiquem grandes demais.

Feche parcialmente o saco e expulse o ar pela abertura.

Confira se os dois sacos estão bem fechados. Você pode reforçar o fecho com fita adesiva, se precisar.

4 O ingrediente final é um pouquinho de essência de baunilha. Não precisa mexer o conteúdo do saco, mas é importante apertar o saco com cuidado antes de fechá-lo por completo, para que o ar saia.

5 Coloque o saco com os ingredientes dentro do segundo saco pequeno. Assim protegemos a mistura, garantindo que ela não entre em contato com o gelo e o sal que você vai usar a seguir.

6 Coloque bastante gelo no saco grande, depois ponha o saco com os ingredientes dentro dele. O gelo vai começar a absorver o calor da mistura imediatamente, mas sozinho ele não vai conseguir retirar calor suficiente para congelar a mistura.

Com cuidado, coloque todo o gelo no saco grande.

7 Quando sua mistura de sorvete estiver bem encaixada no gelo, despeje o sal e feche o saco. O sal faz com que o gelo absorva bem mais calor do leite e do creme. Aliás, a temperatura do gelo pode chegar a incríveis -21°C, então tome cuidado para não tocar nele.

Despeje o sal no saco grande, por cima do gelo.

96 O PODER DA ÁGUA

Aqui dentro, a mistura de gelo e sal já está retirando calor do leite e do creme.

O ideal é uma sacola plástica grossa.

8 Embale o saco com uma camada dupla de panos de prato, como um embrulho. Isso vai evitar que suas mãos fiquem geladas demais e também vai facilitar jogar e segurar sua mistura de sorvete.

9 Coloque o embrulho em uma sacola plástica, mantendo os panos de prato bem justos em volta do saco com gelo.

O sorvete é uma mistura de sólidos, líquidos e gases.

10 Dê um nó na abertura da sacola plástica, depois agite, massageie, gire e jogue a sacola por uns 15 minutos. Mantenha a mistura em movimento enquanto esfria, senão os cristais de gelo no leite e no creme vão ficar muito grandes e o sorvete não vai ter uma textura lisa e cremosa.

11 Lave as mãos, depois desamarre a sacola plástica e desembrulhe os panos de prato. Abra o saco grande com cuidado, para evitar derramar o gelo derretido. Por fim, pegue os sacos menores e abra-os para conferir seu sorvete caseiro!

Se o sorvete ainda estiver muito mole, feche tudo de novo e agite por mais alguns minutos.

SORVETE 97

PARA IR ALÉM

Neste experimento você vai produzir sorvete de creme suficiente para dividir com três amigos. Se quiser fazer mais, é só dobrar a quantidade de cada ingrediente e usar sacos maiores. Para variar um pouco e deixar o seu sorvete ainda mais gostoso, tente incluir sabores diferentes adicionando frutas frescas ou gotas de chocolate à mistura antes de colocá-la para congelar. Quando estiver tudo pronto, sirva suas bolas de sorvete com um biscoito wafer ou em uma casquinha, se gostar.

COMO FUNCIONA

Existem três estados da matéria: sólido, líquido e gasoso. Apesar de ter uma temperatura abaixo do ponto de congelamento da água, o sorvete não é um sólido. Ele é um tipo de substância chamada coloide: um composto em que pedacinhos de mais de uma substância se misturam de forma homogênea. O sorvete é feito de cristais de gelo (sólido), gorduras (líquido) e pequenas bolhas de ar (gasoso). Agitar a mistura enquanto ela resfria impede que os cristais de gelo cresçam muito, garantindo um sorvete lisinho e cremoso.

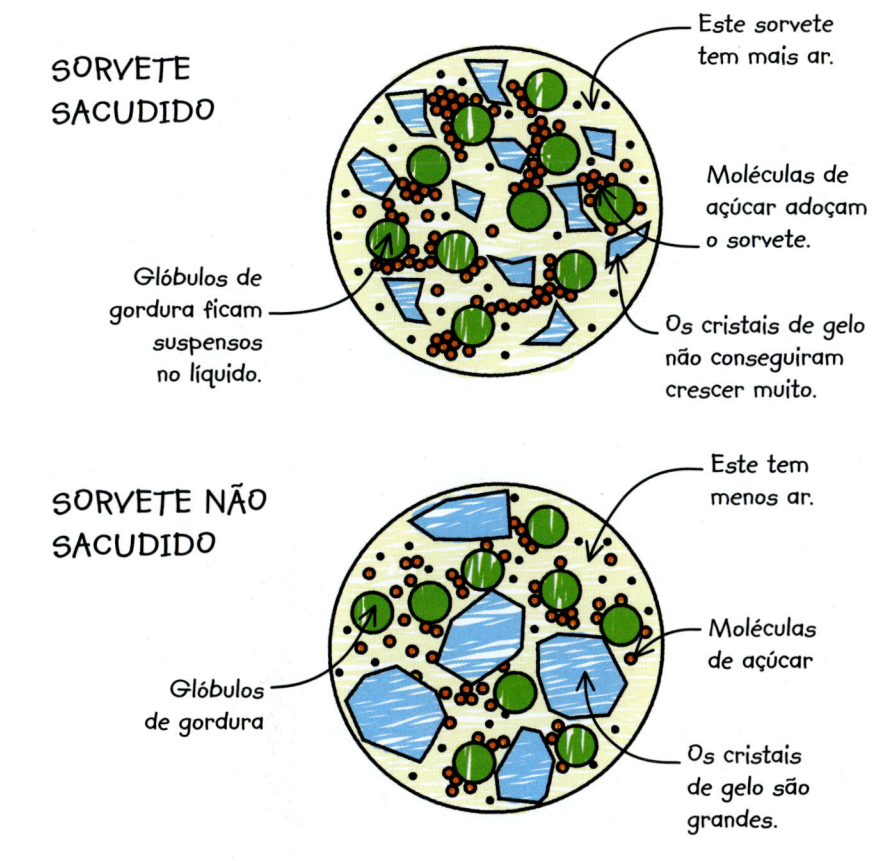

SORVETE SACUDIDO

- Este sorvete tem mais ar.
- Moléculas de açúcar adoçam o sorvete.
- Os cristais de gelo não conseguiram crescer muito.
- Glóbulos de gordura ficam suspensos no líquido.

SORVETE NÃO SACUDIDO

- Este tem menos ar.
- Moléculas de açúcar
- Os cristais de gelo são grandes.
- Glóbulos de gordura

CIÊNCIA DO MUNDO REAL
TIPOS DE COLOIDE

Muitas das substâncias que usamos todos os dias são diferentes coloides. O chantili é um tipo de coloide chamado espuma: pequenas bolhas gasosas misturadas no líquido. A maionese é uma mistura de gotículas de óleo na água, um coloide conhecido como emulsão. A névoa e a neblina são feitas de pequenas gotas de água suspensas no ar, um tipo de coloide chamado de aerossol.

PEDRAS MARMORIZADAS

Acrescente respingos de esmalte brilhante a uma tigela de água e, em seguida, mergulhe seixos (um tipo de pedra) para criar estes padrões ondulados com efeito marmorizado. Eles podem ser um presente especial ou uma decoração que chama atenção no jardim. É possível fazer isso porque o esmalte de unha é imiscível com água – ou seja, eles não se misturam. O esmalte flutua em uma película colorida na superfície da água, pronto para você mergulhar seu seixo.

Os padrões chamativos nestes seixos são criados ao mergulhá-los em esmalte de unha e água.

PIGMENTOS COLORIDOS

O esmalte de unha é uma suspensão: um líquido que contém pequenas gotas ou partículas que pairam, ou ficam "suspensas", e não se aquietam facilmente. As partículas são grãos minúsculos de pigmentos, os compostos que dão cor ao esmalte.

COMO CRIAR PEDRAS MARMORIZADAS

A maioria dos esmaltes de unha tem cheiro forte e aspirá-los demais pode fazer mal. Por isso, tente executar esta atividade ao ar livre ou em um local ventilado da sua casa. Além disso, cubra o espaço com jornal, para o caso de você derrubar um frasco. Se derramar um pouco de esmalte, peça ajuda a um adulto para limpar.

Tempo 20 minutos

Dificuldade Média

MATERIAL

- Tigela de água (é melhor usar uma tigela velha)
- Massa de modelar 
- Palitos de dente 
- Esmaltes de cores diversas 
- Seixos 

1 Antes de começar, grude a massa de modelar em uma das faces de um seixo. Isto funcionará como uma alça, para que você não suje os dedos com esmalte. Umedeça a massa caso ela não grude no seixo.

Talvez seja bom usar luvas de proteção nesta parte.

2 Despeje pequenas quantidades de esmaltes com cores diferentes na superfície da água. Mantenha o esmalte no meio da tigela. Esmaltes em gel não funcionarão neste experimento.

Jogue o palito de dente fora quando terminar de usá-lo.

3 Use a ponta de um palito de dente para misturar as cores com movimentos giratórios, suavemente, criando um padrão. Faça isso depressa, pois o esmalte seca rápido.

PEDRAS MARMORIZADAS 101

4 Segure o seixo pela massa de modelar e mergulhe-o com cuidado na água, passando pela camada de esmalte.

5 Após um ou dois segundos, retire a pedra da tigela e segure-a acima da superfície por alguns segundos para que a água escorra.

A película de esmalte gruda no seixo, deixando a água limpa.

6 Vire o seixo e pressione a outra ponta da massa de modelar em uma superfície. Deixe este seixo secar. Tente de novo com outra pedrinha!

COMO FUNCIONA

O esmalte de unha é menos denso que a água, por isso flutua. Além disso, ele não se dissolve nela, porque as duas substâncias não se misturam. O esmalte contém três ingredientes principais: pigmento (que dá cor ao esmalte), moléculas que formam uma película e solvente (um líquido no qual todos os outros ingredientes se dissolvem). O solvente evapora rápido no ar, dando o cheiro do esmalte e permitindo que ele seque rápido.

CORTE TRANSVERSAL NO SEIXO

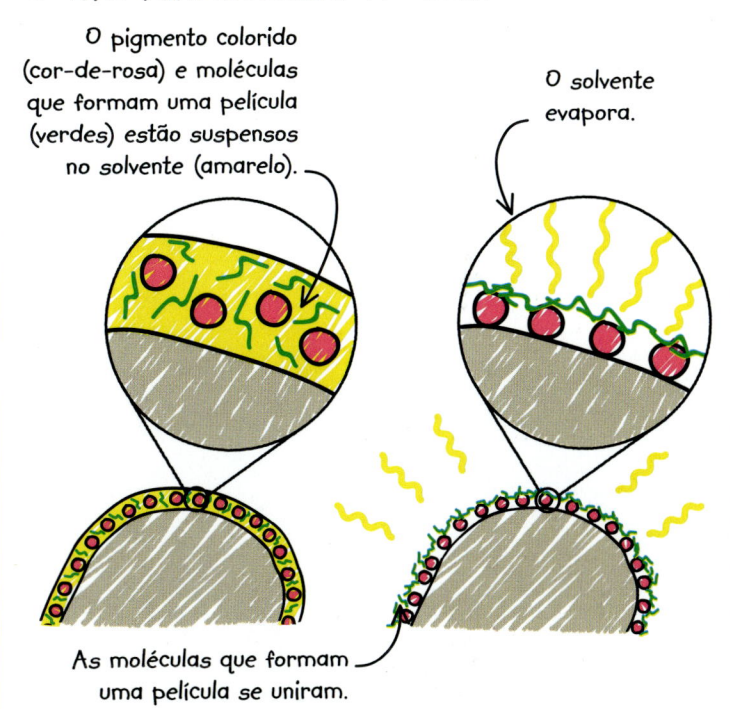

O pigmento colorido (cor-de-rosa) e moléculas que formam uma película (verdes) estão suspensos no solvente (amarelo).

O solvente evapora.

As moléculas que formam uma película se uniram.

CIÊNCIA DO MUNDO REAL
DERRAMAMENTO DE PETRÓLEO

O petróleo bruto, do qual são feitas a gasolina e a maior parte dos plásticos, é imiscível (não se mistura) com água. Quando grandes navios de transporte derramam petróleo, ele flutua na superfície do oceano. O petróleo gruda nas penas de aves marinhas e pode ser tóxico para tartarugas e baleias, que vão à superfície e o engolem.

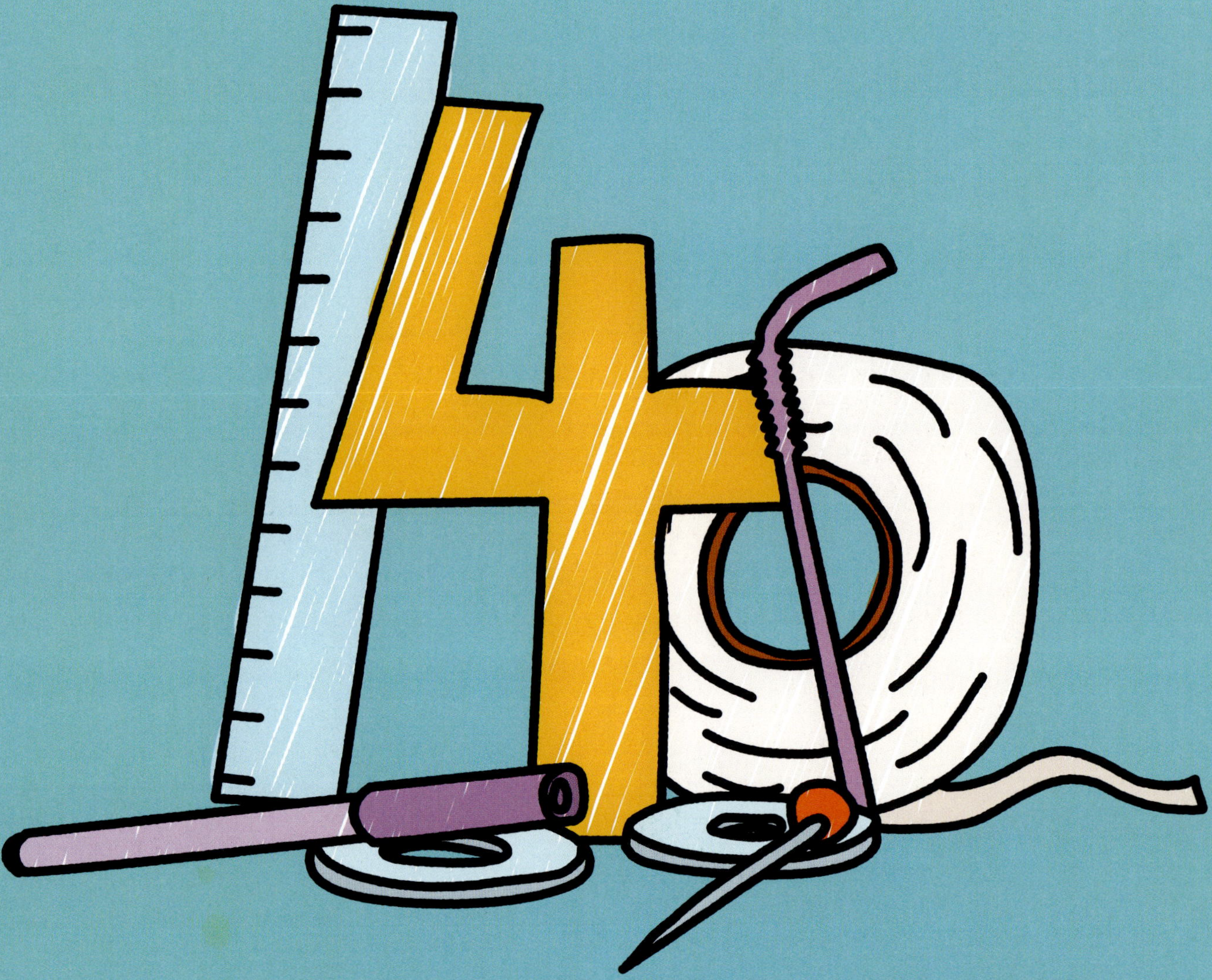
4

TERRA E CÉU

O grande mundo ao ar livre! Neste capítulo, você chegará ao céu – e aprenderá sobre as forças que o ar exerce – fazendo helicópteros e uma pipa! Você também aprenderá sobre o planeta Terra com um relógio que mostra a hora usando a posição do sol no céu. E vai fazer lindos cristais minerais chamados geodos, que na natureza se formam ao longo de milhares ou milhões de anos!

ASAS GIRATÓRIAS

As pás do rotor de um helicóptero são um pouco similares às asas de um avião – elas geram uma força ascendente chamada sustentação à medida que se movem pelo ar. Mas, ao contrário das asas, que devem se mover para a frente para criar sustentação, as pás giram rapidamente, gerando sustentação mesmo quando o helicóptero está pairando.

A pá do rotor é ligeiramente inclinada, para que possa encontrar o ar na diagonal enquanto gira.

Conforme se movimenta, a pá do rotor empurra o ar para baixo.

HELICÓPTERO RODOPIANTE

O helicóptero é um meio de transporte extraordinário. Ele pode decolar do zero, sem a necessidade de uma pista de decolagem, e realizar manobras complexas em todas as direções. Com apenas um canudo e um pedaço de papel ou cartolina, você pode fazer um modelo de helicóptero simples para explorar as forças produzidas pelos rotores.

COMO FAZER UM
HELICÓPTERO RODOPIANTE

Siga as instruções para fazer seu próprio helicóptero. Talvez sejam necessários alguns testes de voo e ajustes. Cortar um pouco as extremidades da pá do rotor ou usar um canudo um pouco mais comprido podem fazer toda a diferença. Você também pode testar como papéis com pesos diferentes afetam o voo do seu helicóptero.

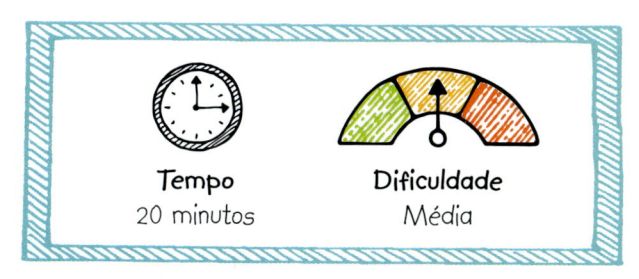

Tempo
20 minutos

Dificuldade
Média

MATERIAL

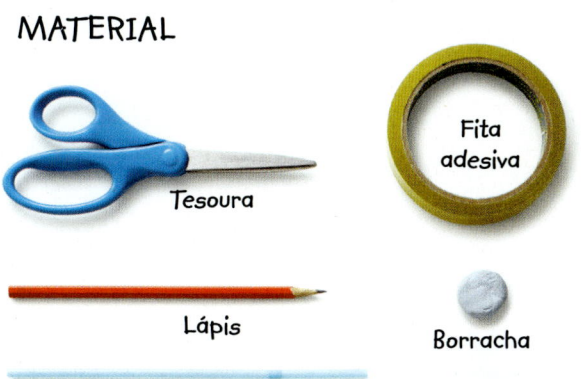

- Tesoura
- Fita adesiva
- Lápis
- Borracha
- Canudo  
- Papel ou cartolina coloridos
- Régua

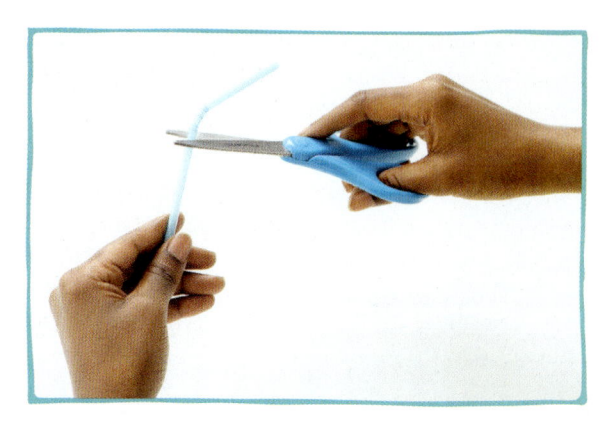

1 Se tiver um canudo dobrável, corte-o logo abaixo da dobra. Você precisará de um pedaço reto de canudo para deixar seu helicóptero estável durante o voo.

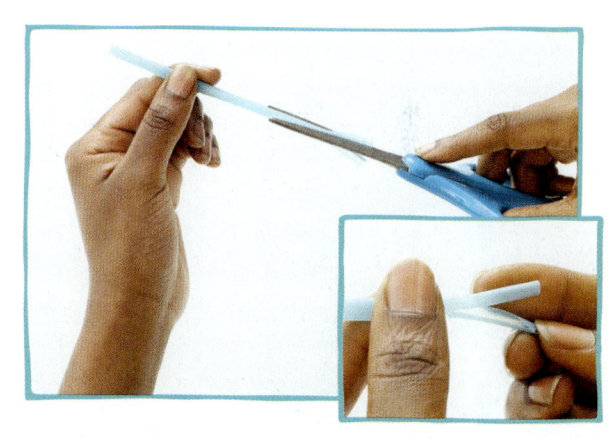

2 Com a tesoura, faça um corte de aproximadamente 1 cm na ponta do canudo. Isso vai criar duas presilhas que fixarão a pá do rotor.

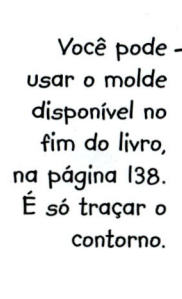

Você pode usar o molde disponível no fim do livro, na página 138. É só traçar o contorno.

3 Para fazer a pá do rotor, posicione o papel ou a cartolina em uma mesa e desenhe um retângulo, com 2 cm de largura e 14 cm de comprimento, em uma das bordas.

106 TERRA E CÉU

4. Recorte o retângulo que desenhou no papel ou na cartolina, tentando não amassá-lo.

Meça 1 cm também na largura se quiser ter certeza de que está exatamente no centro.

5. Com uma régua, meça e localize o centro do retângulo: na metade tanto da largura quanto do comprimento.

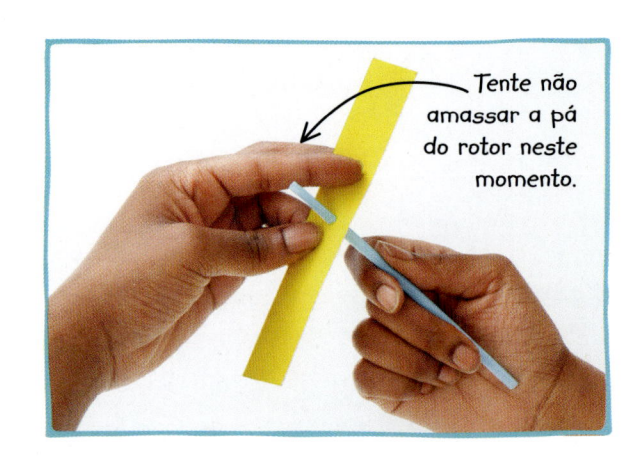

6. Coloque sua pá do rotor em cima da borracha. Use a ponta afiada de um lápis para fazer um furo no ponto central que você marcou.

Tente não amassar a pá do rotor neste momento.

7. Passe a ponta cortada do canudo pelo furo. Se não conseguir, alargue o furo cuidadosamente com o lápis.

8. Dobre as duas metades da ponta do canudo em direções opostas e encoste-as na pá do rotor. Prenda-as com fita adesiva. Mantenha a pá do rotor reta.

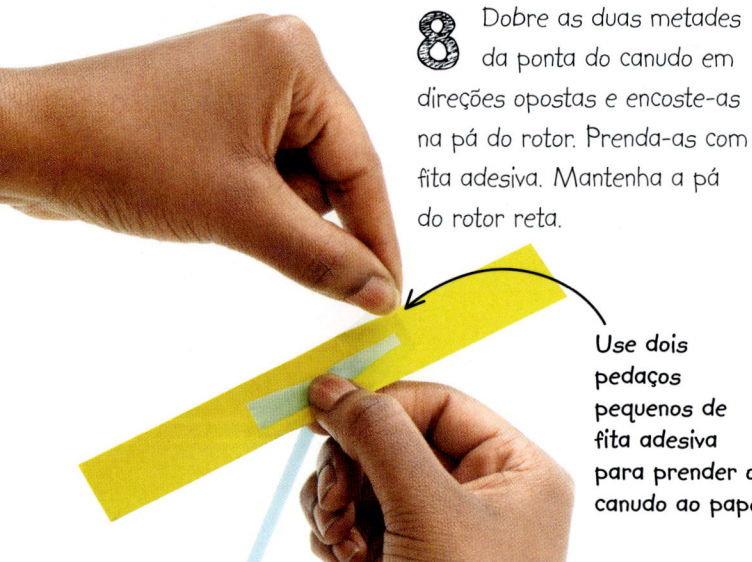

Use dois pedaços pequenos de fita adesiva para prender o canudo ao papel.

Os dois lados devem se inclinar em direções opostas.

9. Agora, enfim, você pode inclinar a pá do rotor – senão seu helicóptero não vai decolar. Gire suavemente no sentido horário com as duas mãos.

HELICÓPTERO RODOPIANTE   107

10 Seu helicóptero está pronto! Para que ele voe, você precisa segurar o canudo entre as palmas das mãos, empurrar com a mão direita para a frente e soltar.

Tente fazer seu rotor de diferentes comprimentos e larguras para ver como isso afeta o voo.

O rotor de um helicóptero empurra o ar para baixo, elevando-o.

O que acontece se você empurrar com a palma esquerda em vez da direita?

COMO FUNCIONA

Conforme a pá do rotor do helicóptero gira, suas bordas angulares empurram o ar do entorno para baixo, criando uma área de alta pressão de ar abaixo dela (e de pressão mais baixa acima). O ar com pressão mais alta empurra a pá do rotor para cima. Essa força é chamada de "sustentação". Tente fazer diferentes helicópteros para encontrar a melhor combinação de comprimento e largura para o rotor, o melhor nível de inclinação da pá e o melhor comprimento do canudo.

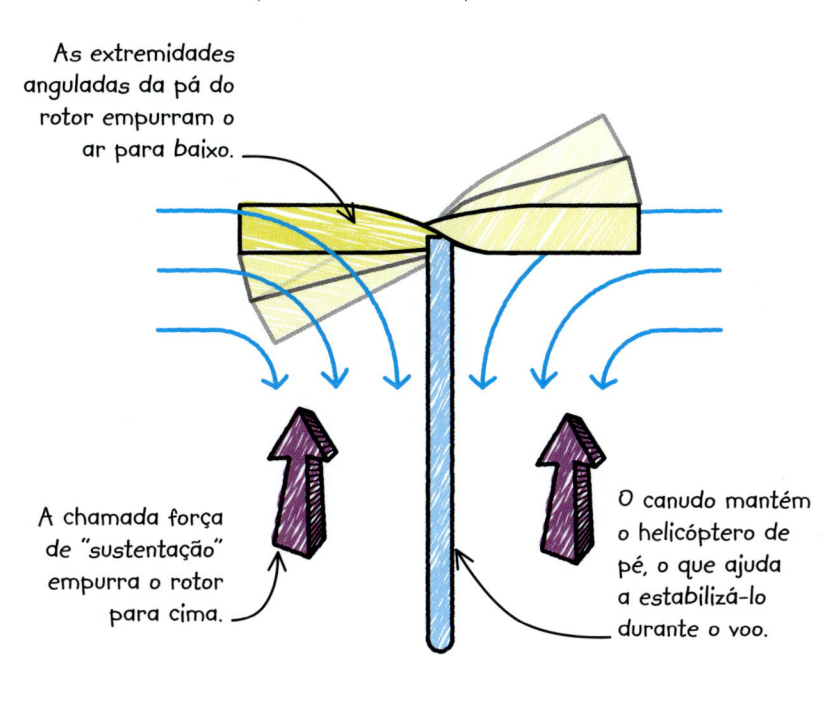

As extremidades anguladas da pá do rotor empurram o ar para baixo.

A chamada força de "sustentação" empurra o rotor para cima.

O canudo mantém o helicóptero de pé, o que ajuda a estabilizá-lo durante o voo.

CIÊNCIA DO MUNDO REAL
VEÍCULOS AÉREOS NÃO TRIPULADOS

Veículos aéreos não tripulados (VANTs, ou drones) têm pás de rotor semelhantes às do seu helicóptero. Motores elétricos impulsionam as pás do rotor, mantendo-as girando – e gerando sustentação. Quanto mais rápido giram, mais sustentação geram. Para fazer o drone mudar de direção, os rotores de um lado giram mais rápido que os do outro lado.

A parte da pipa que pega o vento é chamada de cobertura ou vela.

Todas as pipas precisam de cabrestos ou estirantes: um arranjo de cordas com formato triangular que mantém a cobertura da pipa na inclinação certa.

Esta é a linha de controle. Segure-a com firmeza: é ela que impede que a pipa escape.

PIPA

Quando bate uma brisa, nada melhor que soltar pipa para sentir o poder do vento. Ele pode fazer uma pipa voar alto, enquanto você a controla do chão. Nesta atividade, você vai criar uma pipa colorida capaz de voar de verdade, usando coisas que tem em casa. Se curtir empinar pipa, existem muitos outros modelos que você pode tentar fazer. Que tal usar materiais diferentes para a cobertura? Ou então fazer uma pipa muito maior ou com a linha bem mais comprida?

VAMOS SOLTAR PIPA!

Soltar pipa exige prática e paciência, mas você vai ver que vale a pena. A praia é um bom lugar para isso (se não estiver muito cheia), porque em geral tem brisas constantes. Não solte pipa durante uma tempestade ou se estiver ventando muito, e nunca, jamais, perto de fiação elétrica ou aeroportos.

A rabiola vai flutuar ao vento.

COMO FAZER UMA
PIPA

Para fazer a parte da sua pipa que vai pegar o vento (a armação e a cobertura), você vai precisar de algum material que seja leve, liso e flexível. Aqui, usamos duas sacolas plásticas. Você vai precisar de duas varetas que sejam resistentes mas flexíveis e de muita linha para segurar a pipa enquanto ela voa pelo céu!

Tempo: 45 minutos
Dificuldade: Alta

MATERIAL

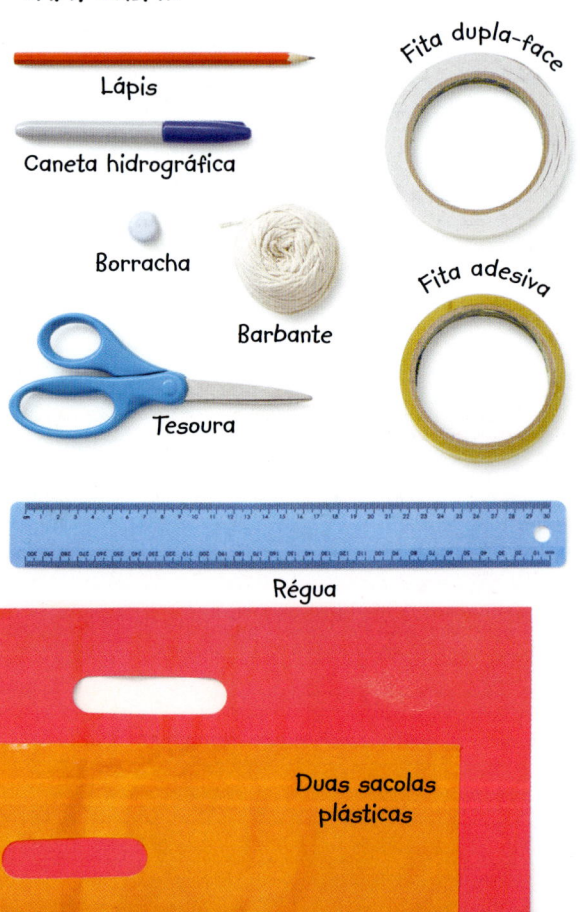

- Lápis
- Caneta hidrográfica
- Borracha
- Barbante
- Tesoura
- Régua
- Fita dupla-face
- Fita adesiva
- Duas varetas
- Duas sacolas plásticas

1 Forme uma cruz com as varetas, posicionando a horizontal um pouco acima do meio da vertical.

2 Corte cerca de 40 cm de barbante, que você vai usar para prender as varetas uma à outra.

3 Passe o barbante algumas vezes ao redor do ponto em que as varetas se cruzam e dê um nó para que não se solte. As varetas devem permanecer perpendiculares em relação uma à outra, a horizontal um pouco acima do meio da vertical.

Se tiver dificuldade para dar o nó, peça ajuda a um adulto.

PIPA 111

Depois de cortar as laterais de cada sacola, você terá quatro folhas.

4 Corte as duas laterais de cada sacola, depois abra também o fundo. Você terá quatro pedaços com tamanho e formato iguais.

5 Cole fita dupla-face ao longo da base de uma das sacolas, deixando-a o mais lisa possível. Retire a proteção da fita.

6 Prenda uma folha de plástico de cor diferente, posicionando-a com cuidado em cima da fita dupla-face e pressionando.

7 Faça o mesmo com as outras duas folhas de plástico restantes, alternando as cores como na foto. Deixe as junções bem lisas dentro do possível.

Se as varetas estiverem perpendiculares, elas devem se alinhar às junções das folhas de plástico.

8 Posicione a armação de varetas em cima das folhas de plástico de modo que o ponto onde as varetas se cruzam fique no centro.

9 Com as varetas ainda no lugar, marque a posição das pontas de cada vareta com a caneta hidrográfica. Depois, deixe a armação de lado.

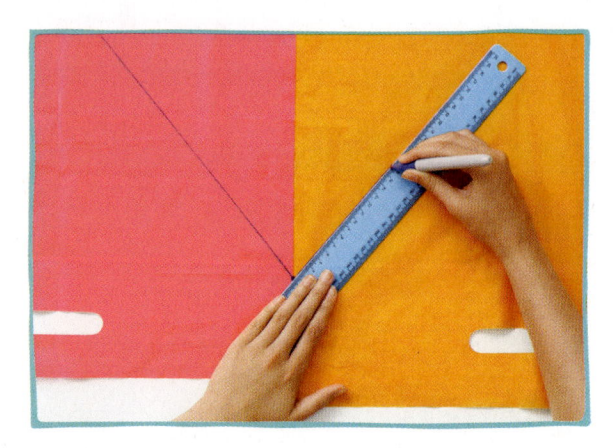

112 TERRA E CÉU

Guarde estas sobras de plástico para fazer a rabiola.

10 Com a régua e a caneta, trace linhas retas ligando as quatro marcas que você acabou de fazer, criando um losango que será o formato da cobertura da pipa.

11 Corte com cuidado seguindo as linhas do losango.

12 Posicione a armação sobre a cobertura. As pontas das varetas devem ficar junto com as pontas do losango.

13 Prenda as pontas das varetas no plástico com fita adesiva. Elas devem ficar bem presas, senão sua pipa pode se desfazer ao vento!

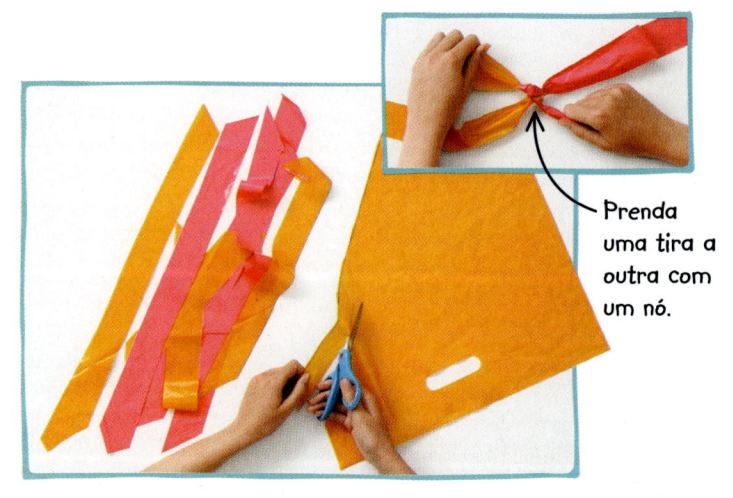

Prenda uma tira a outra com um nó.

14 Para fazer a rabiola, corte tiras dos pedaços de plástico que sobraram e amarre uma a outra alternando as cores.

15 Amarre uma ponta da rabiola à vareta vertical e puxe-a até a base da pipa.

PIPA 113

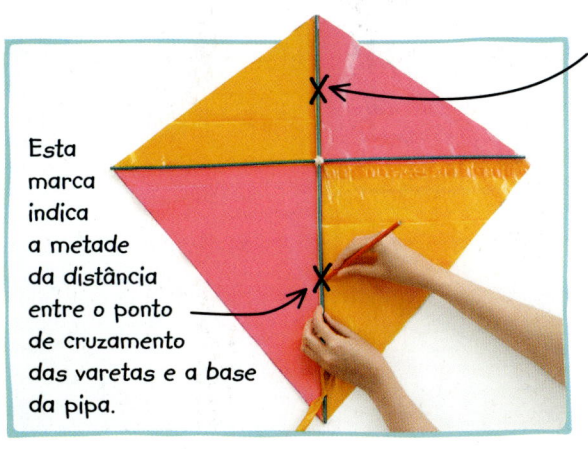

Esta marca indica a metade da distância entre o topo e o ponto de cruzamento das varetas.

Esta marca indica a metade da distância entre o ponto de cruzamento das varetas e a base da pipa.

16 Faça uma marca na metade da distância entre o topo da pipa e o ponto de cruzamento das varetas. Em seguida, faça outra marca na metade da distância entre o cruzamento das varetas e a base da pipa. Coloque a borracha embaixo desses dois pontos que você marcou e, com o lápis, faça um pequeno furo no plástico em cada marca.

17 Corte um pedaço de barbante de tamanho igual à altura da pipa e passe as pontas por esses dois furos no plástico que você acabou de fazer. Amarre o barbante à vareta nos dois pontos.

Este é o ponto em que você vai prender a linha de controle.

Esta parte, que faz a pipa voar inclinada, é chamada de cabresto.

18 Vire a pipa e puxe o barbante para um dos lados, passando os dedos pela linha até que eles fiquem acima da vareta horizontal. Continue segurando a linha.

A pipa voa inclinada para que o ar seja forçado para baixo dela.

A base da pipa deve ficar mais baixa que o topo.

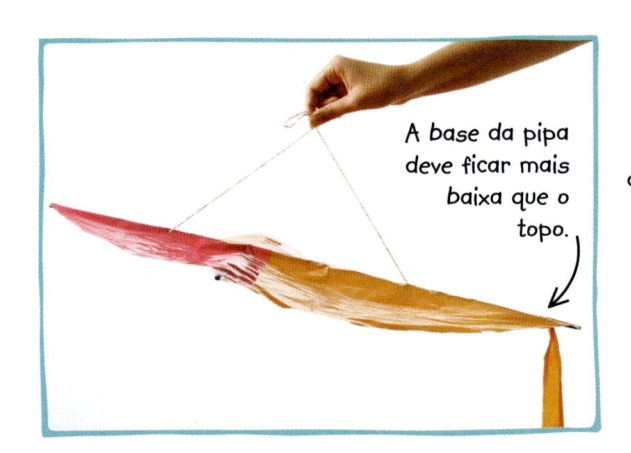

Peça ajuda a um adulto se tiver dificuldade.

19 Segure a pipa de cabeça para baixo pela linha. Ela deve ficar inclinada, com o topo mais alto que a base.

20 Dê um pequeno laço no ponto em que você estava segurando o cabresto com os dedos. É aqui que você vai prender a linha de controle.

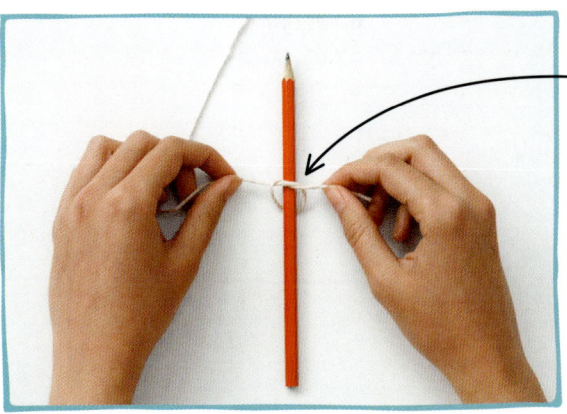

A linha deve estar bem presa ao lápis.

21 Corte um pedaço bem grande de barbante ou até use todo o restante do rolo. Amarre uma das pontas ao meio do lápis, que você vai segurar enquanto sua pipa voa.

22 Enrole todo o barbante no lápis. Conforme a pipa for *subindo*, você vai poder desenrolar mais linha.

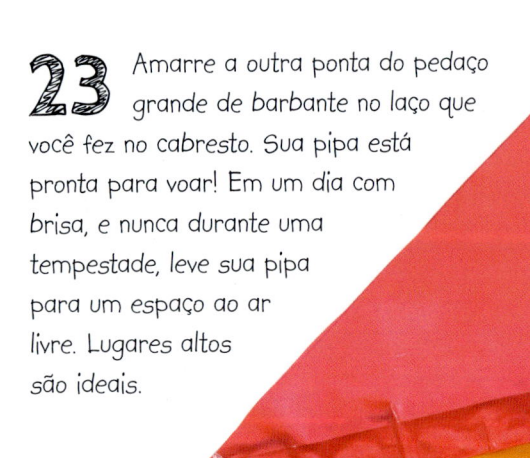

23 Amarre a outra ponta do pedaço grande de barbante no laço que você fez no cabresto. Sua pipa está pronta para voar! Em um dia com brisa, e nunca durante uma tempestade, leve sua pipa para um espaço ao ar livre. Lugares altos são ideais.

COMO FUNCIONA

O vento que levanta sua pipa é simplesmente o ar em movimento. Como a pipa está inclinada, o ar em movimento é forçado para baixo dela. Enquanto a pipa empurra o ar para baixo, o ar a empurra para cima – essa força é chamada de "sustentação". Ao mesmo tempo que o vento empurra a pipa para cima e para a frente, a linha de controle, que você está segurando, puxa a pipa para baixo e para trás. Quanto mais forte o vento, mais você vai precisar puxar a pipa para impedir que ela voe para longe. Se o vento parar ou se você soltar a linha, a gravidade vai trazer a pipa de volta ao chão.

O cabresto faz com que a pipa voe inclinada em relação ao vento. O ângulo da pipa força o vento para baixo dela.

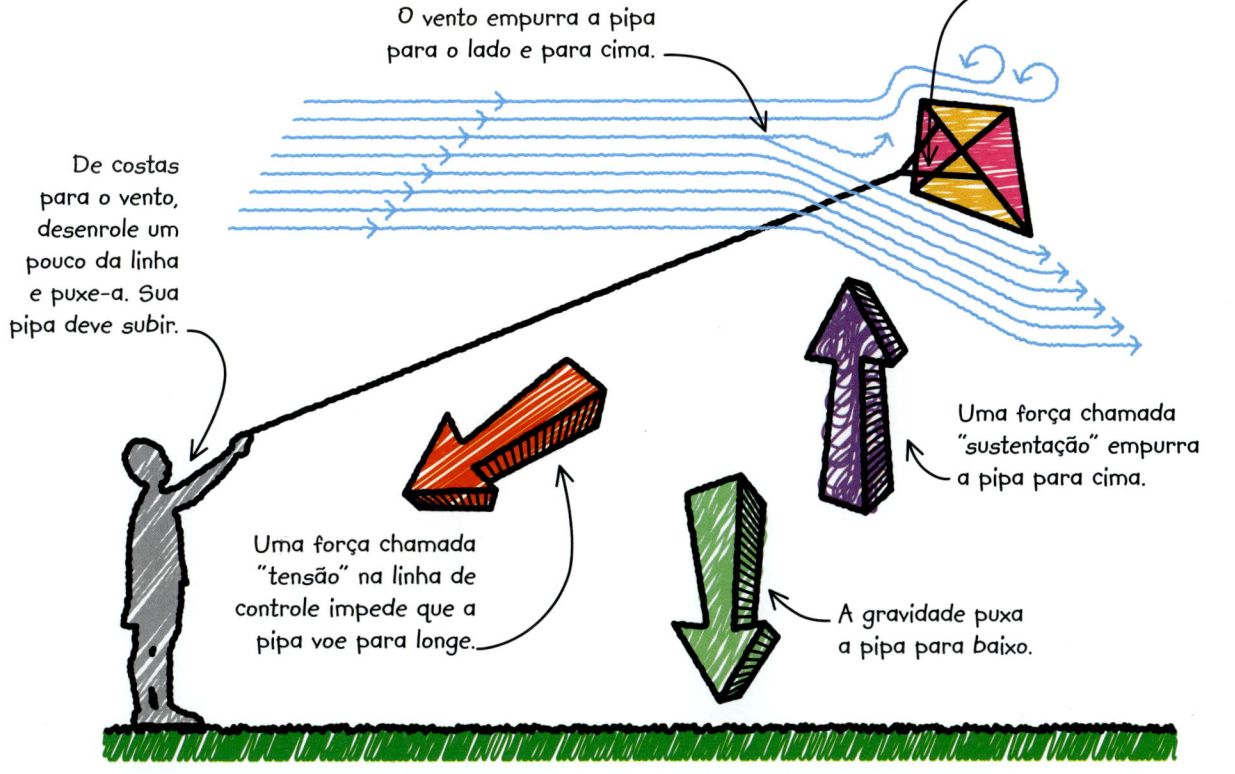

O vento empurra a pipa para o lado e para cima.

De costas para o vento, desenrole um pouco da linha e puxe-a. Sua pipa deve subir.

Uma força chamada "tensão" na linha de controle impede que a pipa voe para longe.

Uma força chamada "sustentação" empurra a pipa para cima.

A gravidade puxa a pipa para baixo.

CIÊNCIA DO MUNDO REAL
KITESURF

Os praticantes de kitesurf usam uma grande pipa esportiva presa à cintura para se deslocar rapidamente pelo mar em uma prancha de surfe. Uma pipa esportiva é um pouco mais complicada que esta que fizemos no experimento. Ela tem duas linhas em vez de apenas uma, o que dá mais controle à pessoa que a empina. Ao puxar uma ou outra linha, a pipa se torce e gira, mudando a direção conforme o ar flui de maneira diferente de cada lado. A pipa esportiva pode levantar o atleta bem alto para fazer manobras difíceis, como saltos, viradas e rodopios.

CANHÃO DE AR

Tenha o poder do ar em movimento nas mãos com este incrível canhão de ar. Puxe para trás o círculo de papelão e solte – a grande folha de plástico será projetada para a frente, lançando uma rajada de ar por um buraco. De qual distância você consegue derrubar uma torre de vasos de plástico, balançar as folhas de uma árvore ou bagunçar o cabelo de um amigo? Depois de construir este modelo, tente pensar em um jeito de fazer um canhão de ar muito maior e mais potente.

Este canhão é capaz de derrubar uma torre de vasos de plástico!

PELO AR
Lançar uma rajada de ar a partir de certa distância tem um problema: já existe ar no caminho! O ar disparado pelo canhão logo perde energia e desacelera – mas antes ele puxa o ar de todos os lados, transferindo sua energia para ele. O ar sugado cria um vórtice – um incrível anel de ar giratório e invisível que vai para a frente.

Em um dia com bastante névoa, talvez você consiga ver o vórtice se movendo pelo ar.

TERRA E CÉU

COMO FAZER UM
CANHÃO DE AR

Você vai precisar de fita adesiva bem resistente para esta atividade, porque terá que puxar uma peça do canhão com muita força. Também é muito importante deixar toda a cola secar bem antes de usar seu canhão de ar.

Tempo
45 minutos mais o tempo de secagem

Dificuldade
Alta

MATERIAL

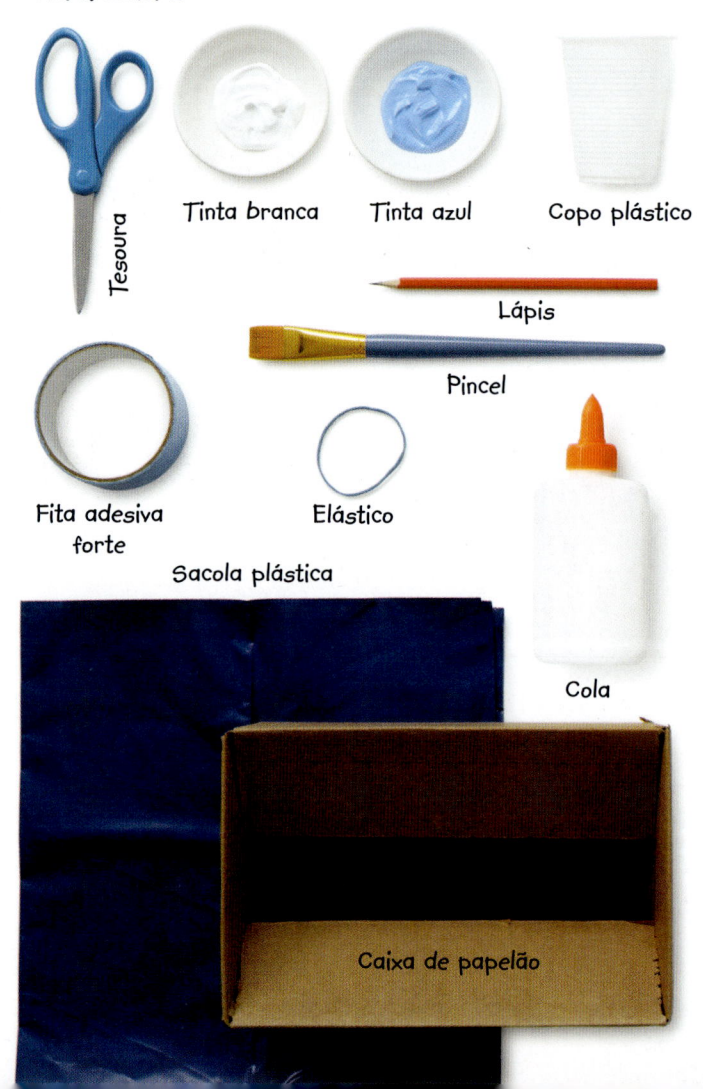

- Tesoura
- Tinta branca
- Tinta azul
- Copo plástico
- Lápis
- Pincel
- Fita adesiva forte
- Elástico
- Cola
- Sacola plástica
- Caixa de papelão

1 Recorte com cuidado as quatro abas da caixa de papelão. Você vai usá-las mais tarde.

2 Vire a caixa e posicione o copo plástico de cabeça para baixo no centro do fundo da caixa. Trace o contorno do copo e recorte o círculo, fazendo um buraco na caixa. Peça ajuda a um adulto se tiver dificuldade.

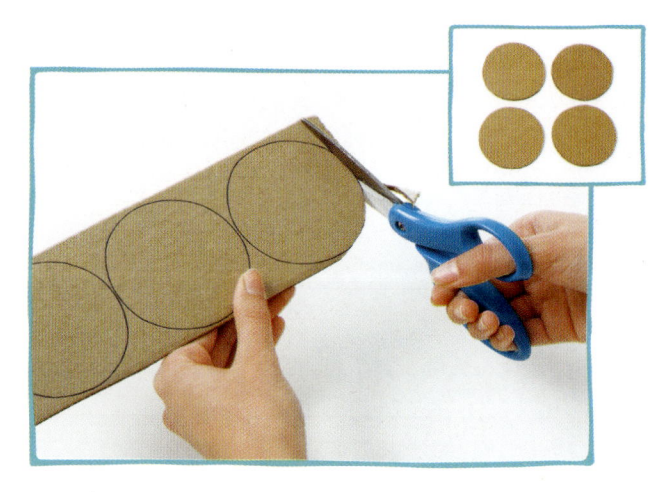

3 Pegue uma aba da caixa e, usando o copo ao contrário como molde novamente, recorte quatro círculos de papelão.

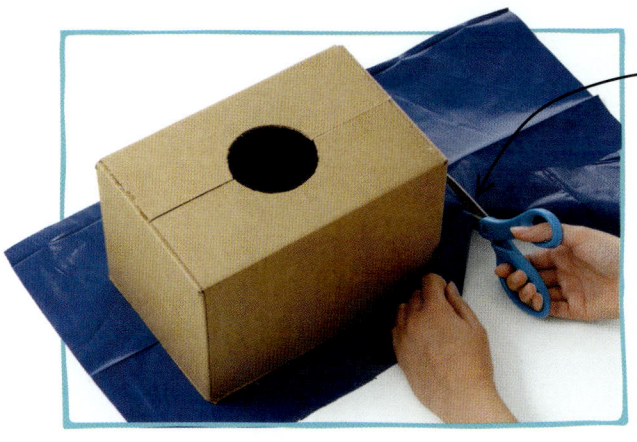

CANHÃO DE AR **119**

Deixe sobrar um pouco de plástico ao redor da caixa.

4 Posicione a caixa sobre a sacola plástica e corte no formato dela, deixando uma sobra de uns 10 cm em toda a volta.

5 O elástico vai armazenar a energia necessária para disparar o canhão. Faça um corte nele para que deixe de formar um círculo fechado.

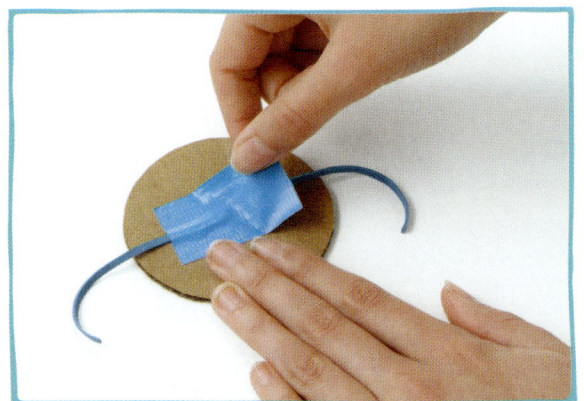

6 Prenda o elástico com a fita adesiva no meio de um dos círculos de papelão. Verifique se está bem preso, pois você vai puxá-lo com bastante força.

7 Posicione o círculo de papelão no meio da folha de plástico. Prenda-o com quatro pedaços de fita adesiva.

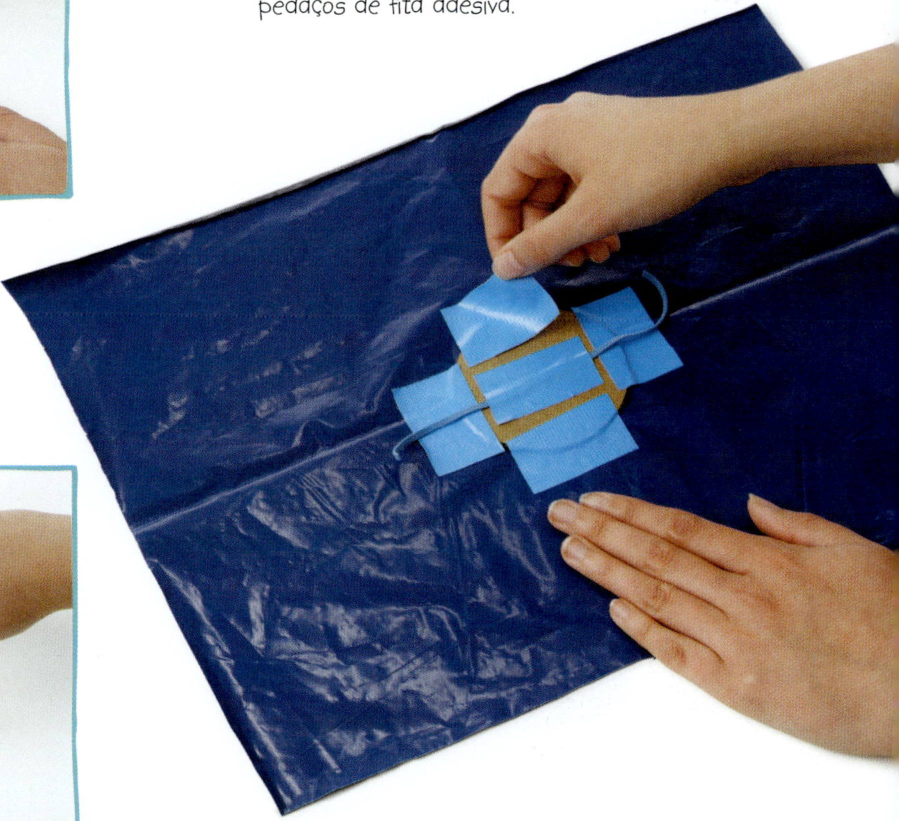

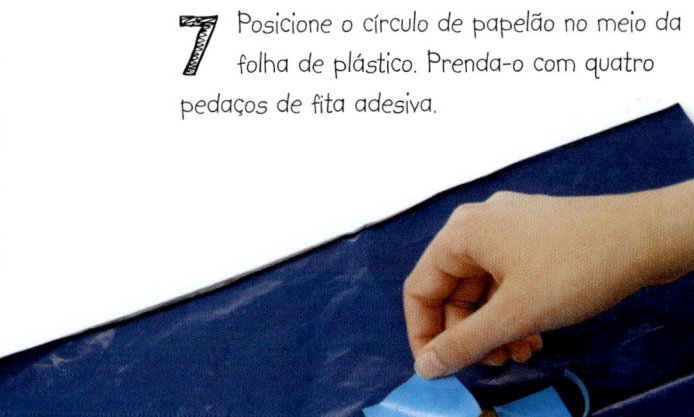

8 Cole os outros três círculos de papelão um em cima do outro, criando uma pilha de círculos que você vai usar para disparar o canhão. Deixe secar.

120 TERRA E CÉU

Deixe o plástico afundar na caixa.

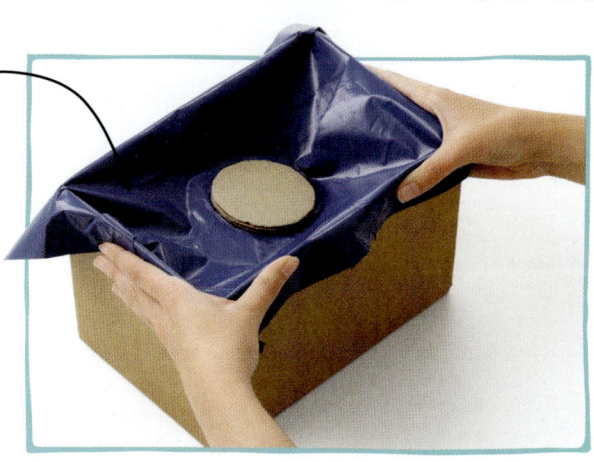

9 Vire a folha de plástico ao contrário e cole no centro a pilha de círculos, garantindo que ela fique exatamente em cima do círculo preso do outro lado. Se sua cola não pegar bem no plástico, use fita adesiva.

10 Posicione a caixa com o buraco redondo encostado na mesa. Coloque a folha de plástico (com a pilha de círculos para cima) na abertura da caixa. A folha deve ser grande o suficiente para afundar no meio da caixa.

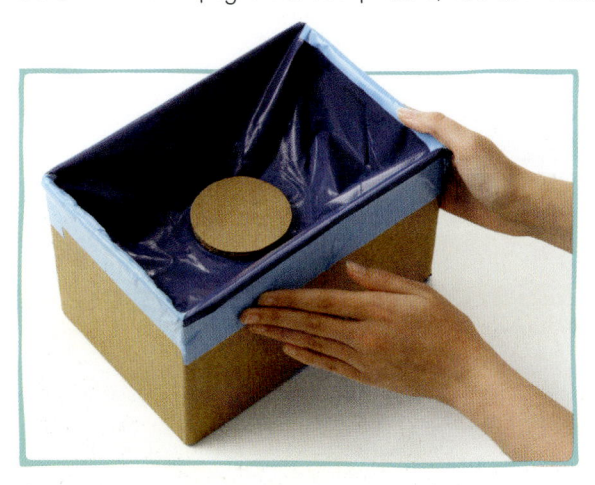

13 Se quiser, pinte sua caixa e faça um desenho bem colorido, como a estampa de céu mostrada aqui. Deixe a tinta azul secar antes de pintar as nuvens.

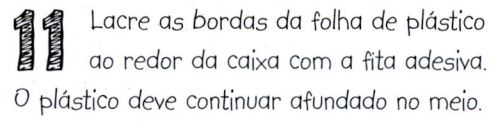

11 Lacre as bordas da folha de plástico ao redor da caixa com a fita adesiva. O plástico deve continuar afundado no meio.

Quando esticar o elástico, tome cuidado para não soltá-lo.

12 Vire a caixa ao contrário e enfie a mão no buraco. Puxe as pontas do elástico para fora e prenda-as com fita na parte externa da caixa.

CANHÃO DE AR 121

14. Para usar o canhão de ar, aponte-o para um alvo – folhas caídas ou copos descartáveis, por exemplo –, puxe a pilha de círculos presa ao plástico e solte! Lembre-se de nunca apontar seu canhão para o rosto das pessoas.

Quando você solta o puxador, o elástico puxa o plástico para a frente muito rápido, produzindo um vórtice.

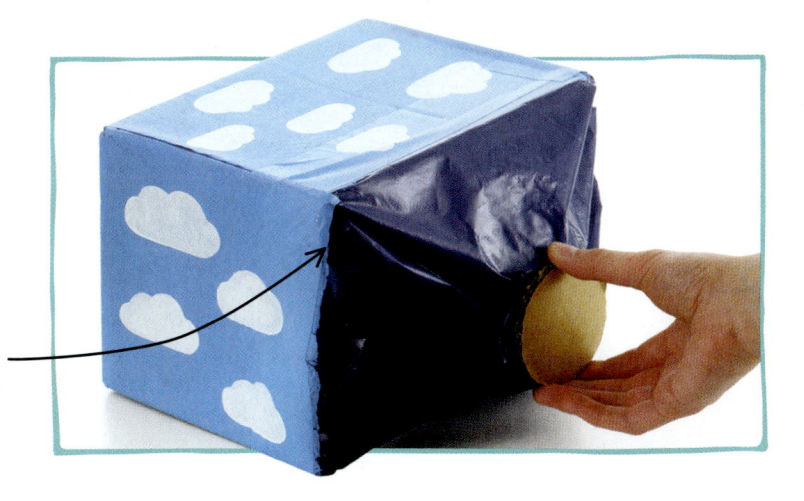

COMO FUNCIONA

A energia que você usa para puxar o círculo de papelão é armazenada no elástico esticado. Quando você solta o puxador, o elástico libera essa energia, puxando a folha de plástico para a frente. O movimento rápido do plástico transfere a energia para o ar dentro da caixa, criando uma rajada de ar que é expulsa pelo buraco. Essa rajada empurra o ar parado na frente da caixa, abrindo caminho, mas o ar vindo da caixa também arrasta um pouco do ar exterior, fazendo com que o ar no entorno comece a girar em uma forma de anel conhecida como "vórtice toroidal".

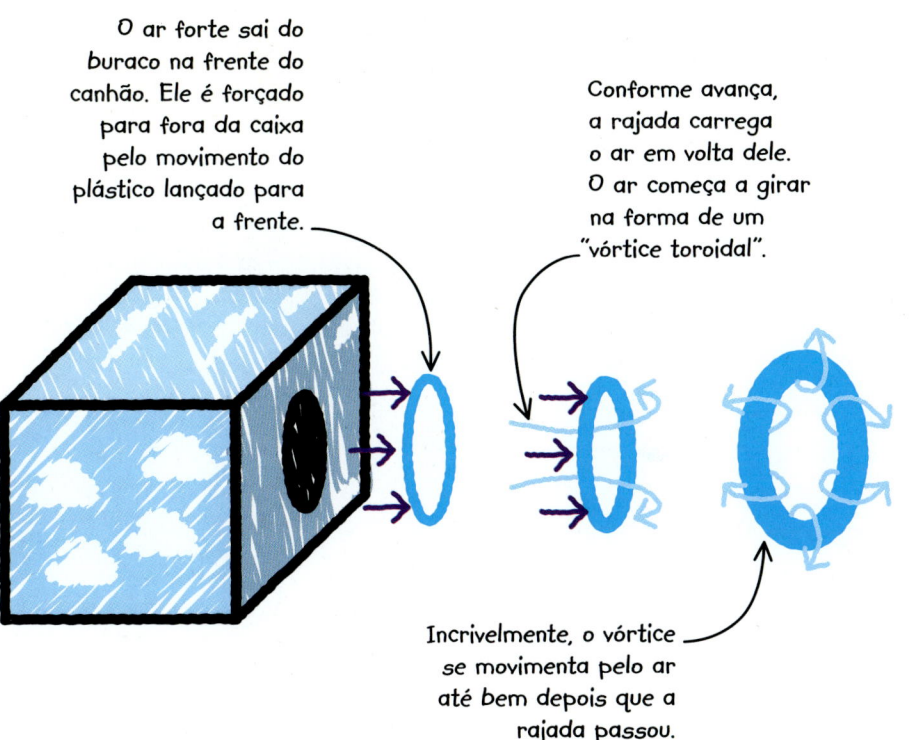

O ar forte sai do buraco na frente do canhão. Ele é forçado para fora da caixa pelo movimento do plástico lançado para a frente.

Conforme avança, a rajada carrega o ar em volta dele. O ar começa a girar na forma de um "vórtice toroidal".

Incrivelmente, o vórtice se movimenta pelo ar até bem depois que a rajada passou.

CIÊNCIA DO MUNDO REAL
VÓRTICES TOROIDAIS NA NATUREZA

Um fluido é qualquer coisa que flui – líquidos ou gases –, e vórtices toroidais podem ocorrer em qualquer fluido. Às vezes eles acontecem naturalmente. De vez em quando, um vulcão com cratera (abertura) circular solta vários anéis de fumaça, feitos de vapor de água e gás. Os vórtices toroidais se movem para cima porque são produzidos pelo ar quente que sobe de dentro do vulcão. Os golfinhos também podem soprar ar e criar vórtices toroidais debaixo d'água, que eles perseguem e tentam atravessar por diversão!

LINDOS GEODOS

Às vezes, os geólogos – os cientistas que estudam as partes sólidas do nosso planeta – são recompensados com belas surpresas. Quando quebram rochas, eles podem encontrar dentro delas espaços ocos cheios de cristais impressionantes. Essas formações rochosas são chamadas de geodos. Embora os de verdade levem milhares de anos para se formar, você pode fazer o seu em apenas alguns dias!

Você pode fazer seus geodos de casca de ovo em uma porção de cores.

CRISTAIS COLORIDOS

Em vez de abrir rochas para ver se encontra um geodo, você vai fazer o seu usando casca de ovo, um pouco de corante alimentício e um composto químico chamado alúmen. O alúmen forma cristais na superfície da casca do ovo e o corante vai torná-los brilhantes e coloridos.

Os cristais têm faces planas, que brilham quando captam a luz.

Os cristais crescem na superfície interna da casca do ovo e, às vezes, nas bordas também.

A cor dos cristais vai depender do corante que você usar.

124   TERRA E CÉU

COMO CRIAR
LINDOS GEODOS

O ingrediente secreto para criar seus geodos é um composto químico chamado alúmen (também conhecido como pedra hume). Você pode comprá-lo barato em farmácias ou pela internet. É seguro usá-lo em pequenas quantidades, mas não o ponha na boca e sempre lave as mãos depois de manuseá-lo.

Tempo
1 hora mais 24 horas para crescer

Dificuldade
Alta

Alerta
Não coloque alúmen nos olhos ou na boca

MATERIAL

- 150 ml de água morna
- Alúmen em pó
- Corante alimentício
- Cola
- Copo plástico
- Tigela de vidro
- Pincel
- Colher
- Ovo
- Papel-toalha
- Prato

1 Antes de começar, lave as mãos. Com cuidado, bata o ovo na borda da tigela e descasque um pouco, abrindo um pequeno buraco na casca. Talvez seja bom usar luvas de proteção.

Guarde a clara e a gema para cozinhar.

2 Despeje o ovo na tigela. Quebre para dentro alguns pedacinhos da casca para puxar e começar a remover a fina película, ou membrana, que reveste o interior da casca.

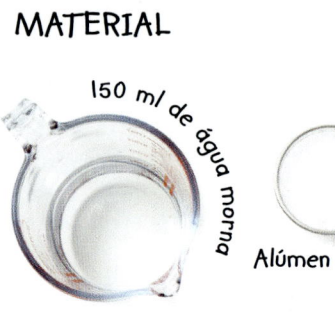

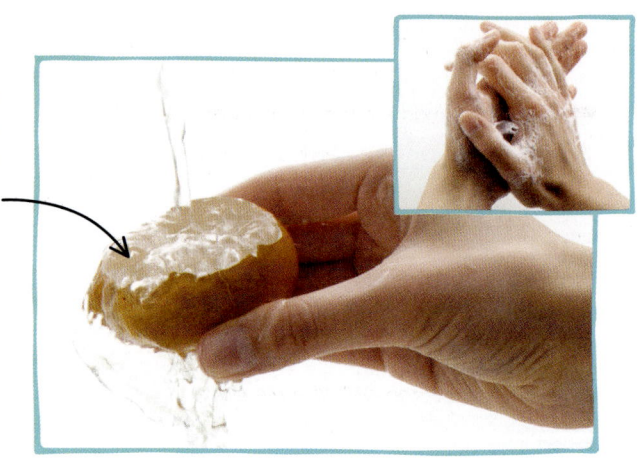

Tome cuidado para não quebrar a casca do ovo.

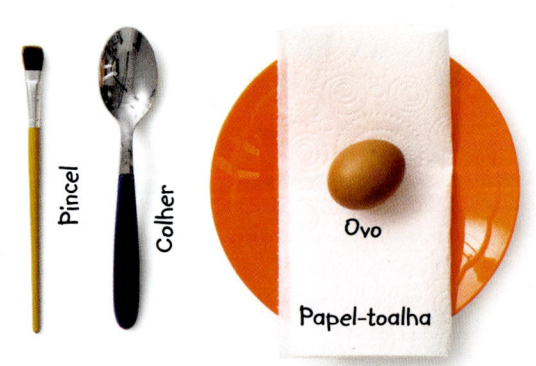

3 Lave a casca em água corrente para remover o máximo possível da membrana. Lave as mãos de novo.

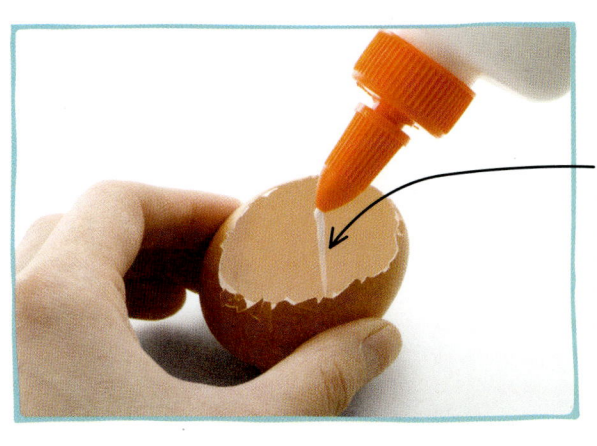

LINDOS GEODOS **125**

A cola vai criar uma superfície pegajosa para o alúmen.

4 Despeje um pouco de cola dentro da casca de ovo já limpa e vazia.

5 Com o pincel, espalhe a cola de maneira uniforme por dentro da casca.

6 Com a colher, salpique alúmen dentro da casca. Jogue fora o pó que não grudar. Use luvas nesta parte ou então lave bem as mãos em seguida.

7 Peça a ajuda de um adulto para pegar a jarra com água morna. Tome cuidado ao manuseá-la. Aos poucos, despeje o alúmen restante na água e mexa com a colher. Para ter certeza de que a solução está bem concentrada, continue adicionando alúmen até que ele pare de se dissolver.

Mexa bem para ajudar o alúmen a se dissolver.

126 TERRA E CÉU

8 Acrescente um pouco de corante alimentício, o suficiente para dar uma cor intensa à solução de alúmen. Mexa novamente.

9 Despeje a solução de alúmen no copo plástico. A quantidade deve ser suficiente para que você mergulhe nela completamente a casca de ovo.

Quando você despejar a solução, um pouco de alúmen sólido vai ficar no recipiente. A jarra deve ser bem lavada depois.

10 Mergulhe a casca de ovo na solução de alúmen. Empurre-a suavemente para baixo com a colher, para que fique coberta pela solução. Tome cuidado para não quebrá-la.

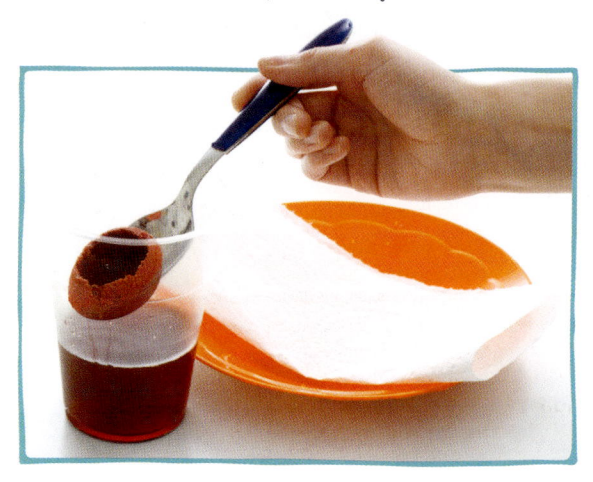

11 Deixe a casca de ovo mergulhada na solução por cerca de 24 horas. O ideal é colocá-la em um local quente e seco. Depois, tire-a com cuidado do copo.

12 Coloque com delicadeza a casca de ovo no papel-toalha.

LINDOS GEODOS **127**

13 Observe de perto seu geodo de ovo. O alúmen e o corante devem ter formado vários pequenos cristais brilhantes.

Cristais surgiram no interior da casca e ao redor das bordas.

Se tiver sobrado um pouco de solução de alúmen, jogue fora e depois lave as mãos.

COMO FUNCIONA

Quando você dissolve o alúmen na água, ele se decompõe em pequenas partes chamadas íons, que se misturam com a água. O corante alimentício já foi dissolvido na água e também existe na forma de íons. De vez em quando, os diferentes íons se encontram e podem se unir, formando cristais sólidos. Eles se juntam em um padrão regular, que é o que dá aos cristais sua forma distinta.

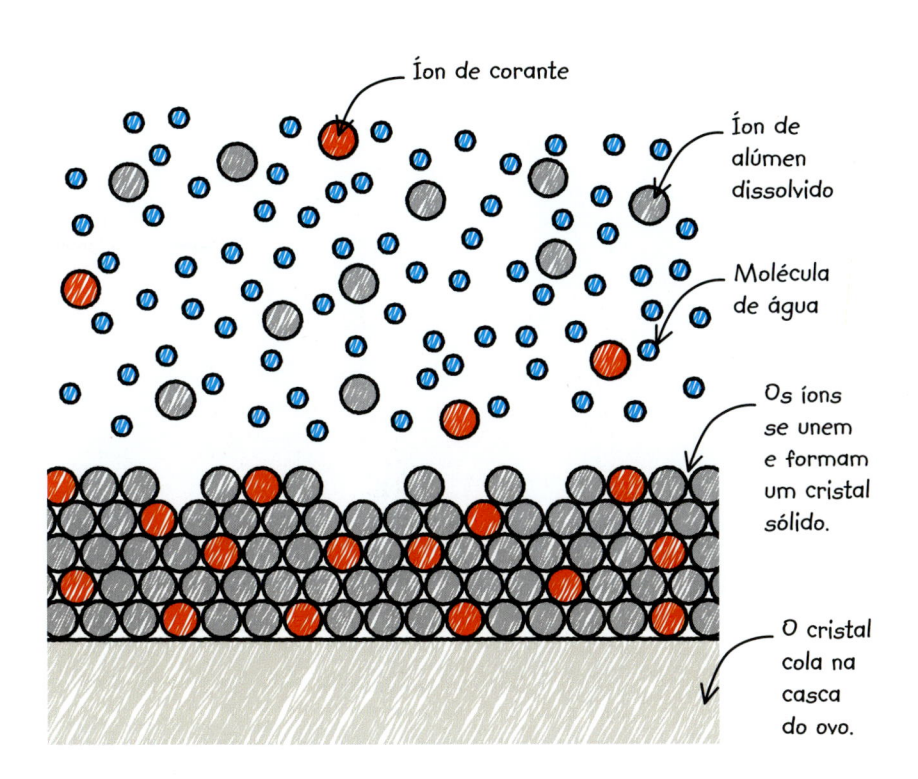

Íon de corante

Íon de alúmen dissolvido

Molécula de água

Os íons se unem e formam um cristal sólido.

O cristal cola na casca do ovo.

CIÊNCIA DO MUNDO REAL
GEODOS DE VERDADE

Os geodos se formam dentro de buracos nas rochas. Muitas vezes esses buracos são causados por grandes bolhas de ar formadas na lava enquanto ela escapava de um vulcão. Essas bolhas ficam presas conforme a lava se solidifica e se torna uma rocha. À medida que a água se infiltra pelo solo, minerais se dissolvem nela e se cristalizam dentro dos buracos, criando esses lindos cristais.

Para usar seu localizador de latitude, você vai precisar sair à noite e encontrar uma estrela localizadora ou uma constelação. Essas estrelas serão diferentes dependendo de onde você está no mundo.

LOCALIZADOR DE LATITUDE

Os primeiros marinheiros usavam as estrelas para descobrir exatamente em que lugar da Terra estavam. No sistema que eles criaram, uma localização é definida por apenas dois números, chamados de latitude e longitude. A latitude indica em que ponto ao norte ou ao sul da Linha do Equador você está, e a longitude é o ponto em que você está ao redor do planeta. Nesta atividade, você vai fazer um dispositivo que mostrará sua latitude onde quer que esteja.

QUAL É SUA LATITUDE?

Contornando o centro do planeta Terra, a distâncias iguais do Polo Norte e do Polo Sul, existe uma linha imaginária chamada Linha do Equador. Se você mora bem em cima dela, sua latitude é 0°. Se você mora no Polo Norte, sua latitude é 90° norte (ou +90°); se mora no Polo Sul, sua latitude é 90° sul (ou -90°). Provavelmente sua latitude está entre uma e outra. Se você viajar para um lugar muito mais perto ou mais longe da Linha do Equador, pode usar o localizador para registrar sua nova latitude.

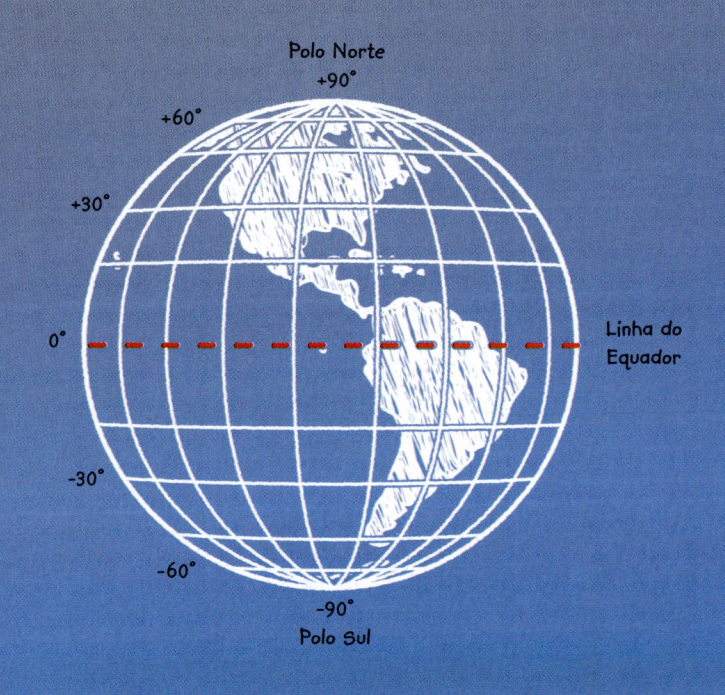

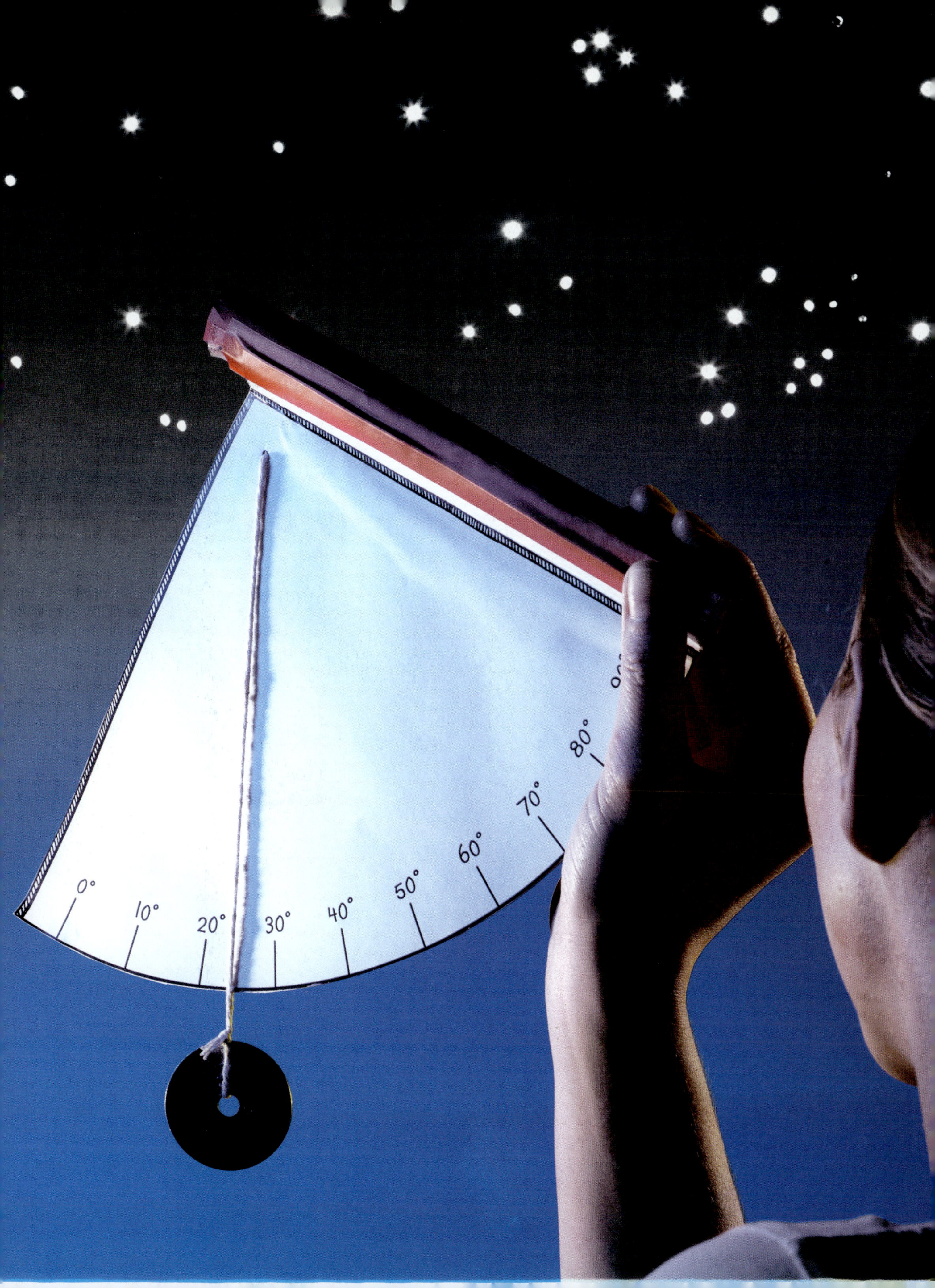
0°
10°
20°
30°
40°
50°
60°
70°
80°

COMO FAZER UM
LOCALIZADOR DE LATITUDE

É bem fácil fazer este dispositivo. Primeiro vá até a página 139 para encontrar o molde para a escala de que você vai precisar. Copie o molde em uma folha de papel sulfite (ou tire uma cópia) e recorte-a. Depois é só cortar e colar um pouco mais.

Tempo
30 minutos

Dificuldade
Média

MATERIAL

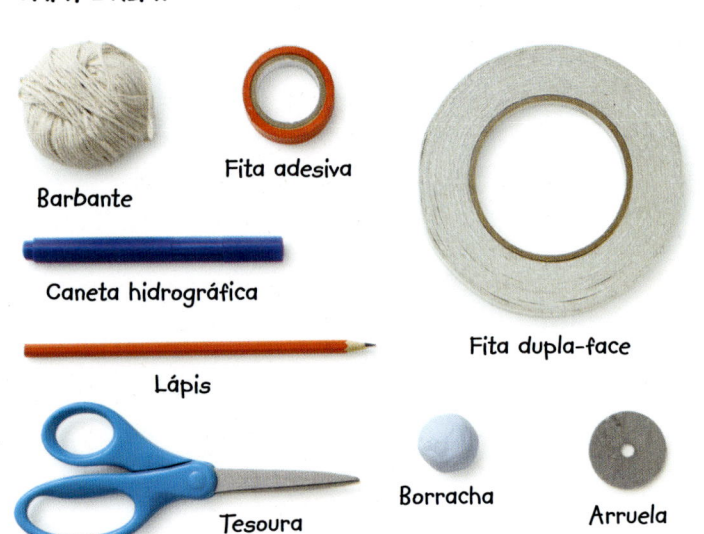

- Barbante
- Fita adesiva
- Caneta hidrográfica
- Lápis
- Fita dupla-face
- Tesoura
- Borracha
- Arruela
- Folha A4 de papel-cartão
- Folha A4 de sulfite
- Folha A4 de papel-cartão
- Régua

Você pode usar papel-cartão de qualquer cor.

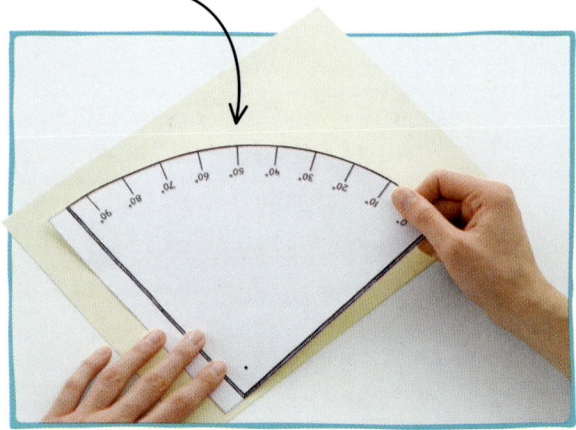

1 Grude vários pedaços de fita dupla-face no verso da escala. Retire a proteção e cole-a no papel-cartão.

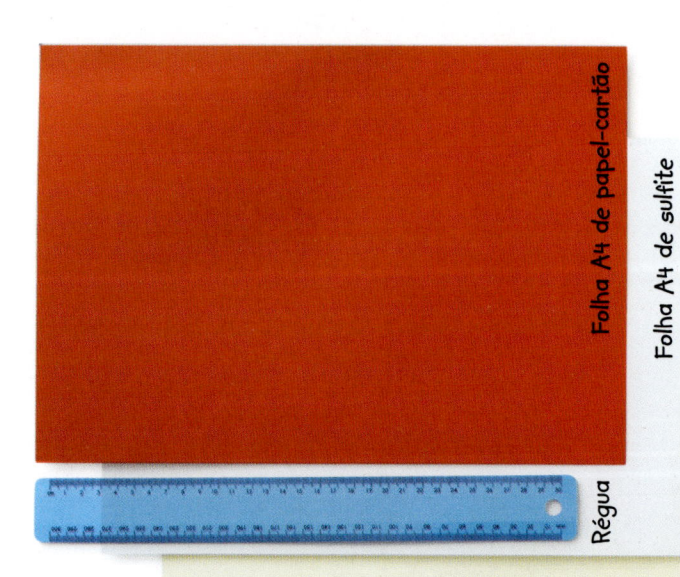

2 Usando a tesoura com cuidado, corte o papel-cartão seguindo o molde. Lembre-se de reciclar as sobras.

LOCALIZADOR DE LATITUDE **131**

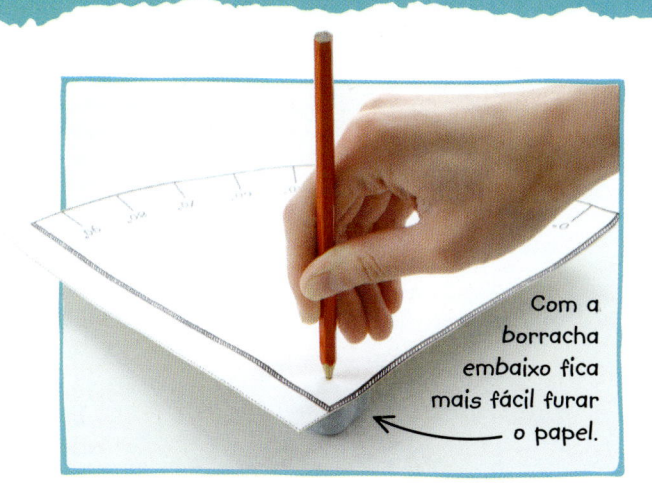

Com a borracha embaixo fica mais fácil furar o papel.

3 Coloque uma borracha embaixo do ponto na quina da sua escala. Depois, faça um furo com a ponta afiada do lápis.

4 Corte um pedaço de 20 cm de barbante (meça com a régua). Passe uma ponta pelo furo e dê um nó duplo perto da ponta do barbante no verso do papel-cartão.

A latitude está relacionada a quantas **horas de luz solar** um local recebe por dia.

5 Enrole a outra folha de papel-cartão bem justa à caneta hidrográfica, criando um tubo estreito. Ele será o visor: você vai olhar por ele quando for medir a latitude.

O papel deve estar bem justo à caneta para não desenrolar.

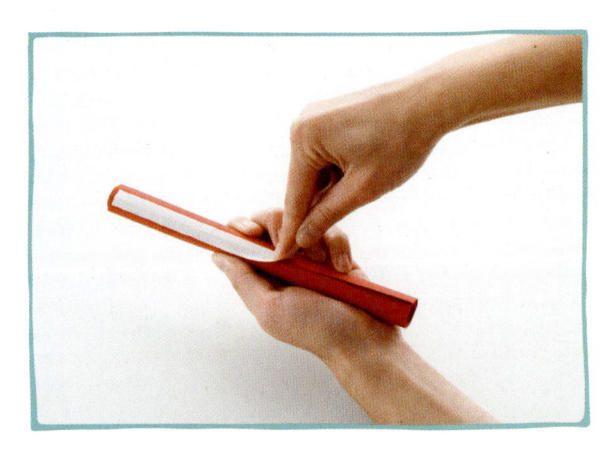

132 TERRA E CÉU

6 Use um dos lados de um pedaço de fita dupla-face para prender o tubo de papel-cartão. Teste se você consegue enxergar através do tubo.

7 Retire a proteção da fita dupla-face, para que você possa prender o visor à escala no próximo passo.

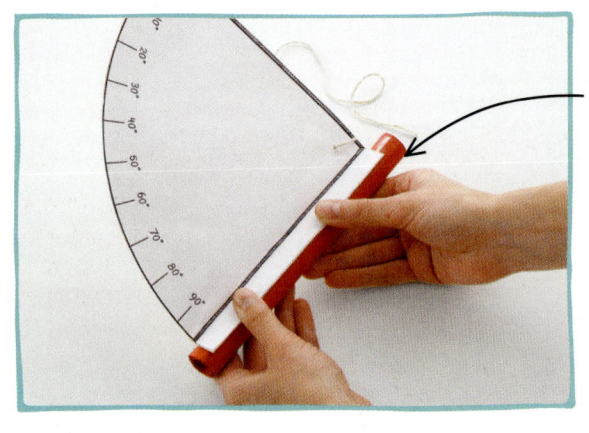

8 Encontre a aba em um dos lados da escala de latitude, dobre-a e pressione-a com força contra a fita dupla-face ao longo do visor.

Tome cuidado para não esmagar o tubo quando for prender a escala.

9 Para reforçar, prenda a aba da escala ao tubo com um pedaço de fita adesiva.

Esta é a abertura que você vai levar ao olho.

10 Amarre a arruela no barbante de forma que ela fique pendurada abaixo da aba da escala.

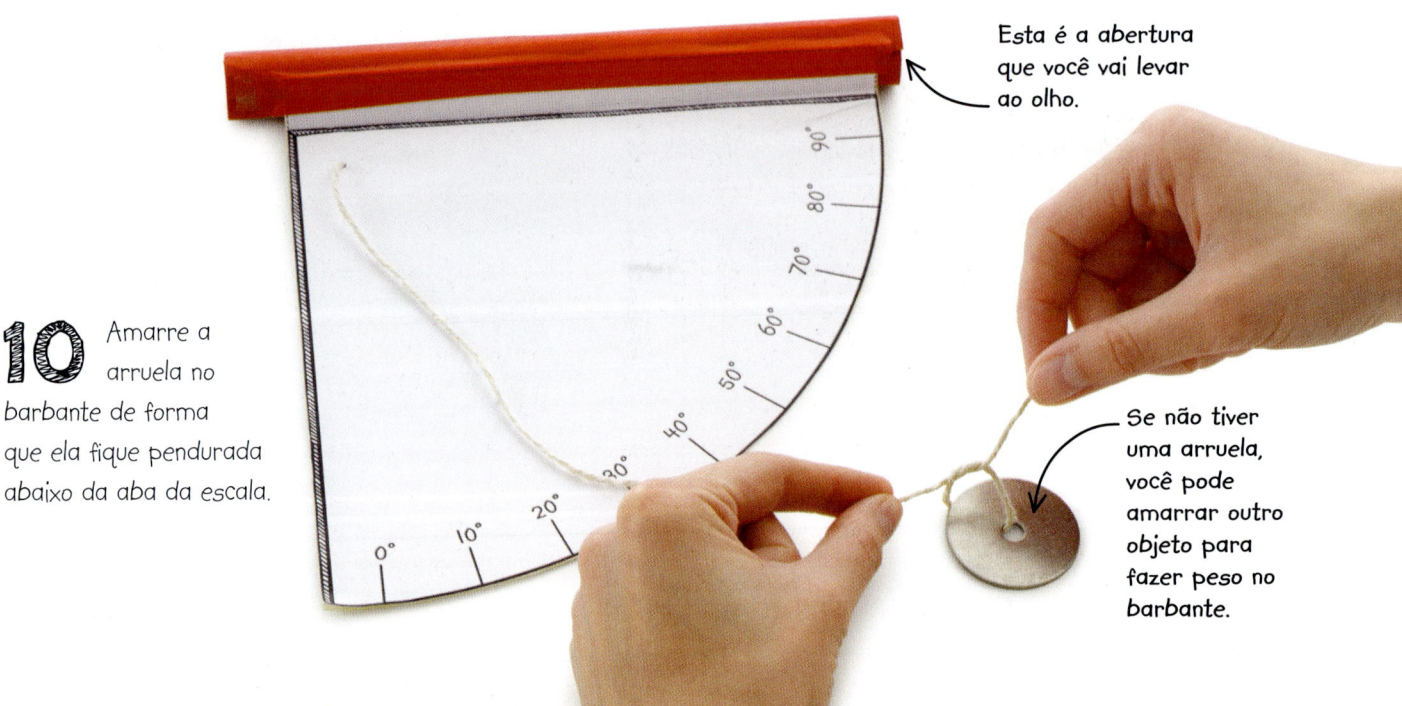

Se não tiver uma arruela, você pode amarrar outro objeto para fazer peso no barbante.

LOCALIZADOR DE LATITUDE   133

COMO USAR

Não se deve utilizar o localizador de latitude para fazer observação de dia, muito menos olhar diretamente para o sol. Para usá-lo, saia com um adulto em uma noite de tempo aberto, de preferência em uma clareira longe de postes de luz. Agora você precisa encontrar um ponto no céu – o Polo Norte Celeste se você estiver no Hemisfério Norte ou o Polo Sul Celeste se você estiver no Hemisfério Sul. Para achar esses pontos, siga as instruções abaixo. Se você tiver uma bússola, ela será bastante útil para ajudar você a encontrar o norte ou o sul. Então olhe para esse ponto no céu através do tubo e confira se a arruela está pendendo livremente. Sua latitude é o ângulo mostrado no ponto em que o barbante cruza a escala.

POLO NORTE CELESTE

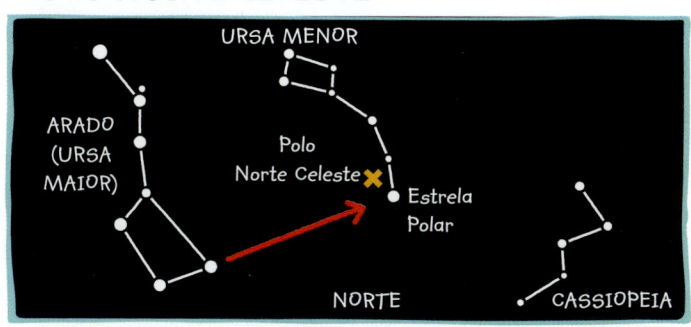

Se você estiver no Hemisfério Norte, fique de frente para o norte, olhe para cima e encontre a constelação da Ursa Maior. Siga a linha feita a partir da ponta da frente do grupo de estrelas chamado de Arado ou Caçarola para encontrar a Estrela Polar – que é próxima ao Polo Norte Celeste.

POLO SUL CELESTE

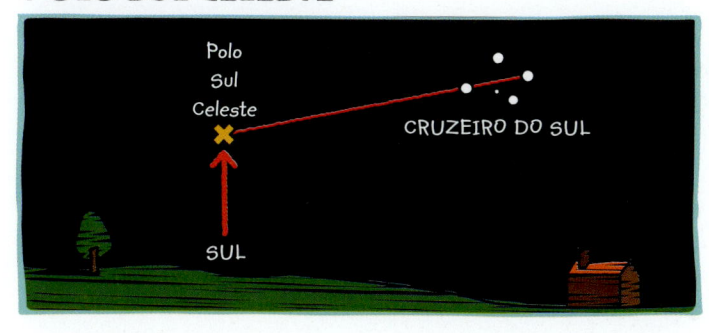

Não há uma estrela brilhante perto do Polo Sul Celeste. Então, se você estiver no Hemisfério Sul, precisa localizar um grupo de estrelas chamado Cruzeiro do Sul. Siga uma linha imaginária a partir das duas estrelas mais distantes uma da outra. Você precisa apontar seu localizador de latitude para o ponto em que essa linha cruza outra linha imaginária subindo a partir do horizonte ao sul, que você acha facilmente usando uma bússola.

COMO FUNCIONA

A gravidade é uma força que puxa tudo na Terra na direção do centro do planeta. Por isso, a arruela do seu localizador de latitude faz com que o barbante fique pendurado para baixo, na vertical. Se você morar na Linha do Equador e olhar para o Polo Norte ou Sul Celeste, estará olhando para o horizonte – e lerá sua latitude como 0°. Se estiver em um dos polos, você precisará olhar diretamente acima de sua cabeça para ver o Polo Celeste, portanto sua corda mostrará a latitude de 90° norte ou sul. É provável que sua casa fique em algum lugar entre esses extremos.

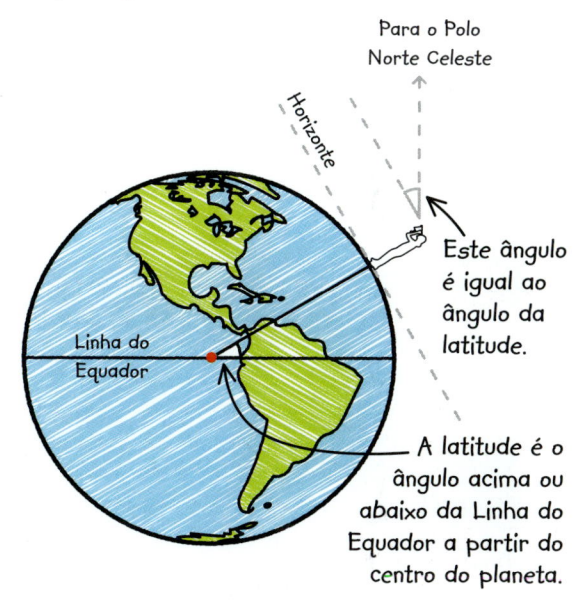

CIÊNCIA DO MUNDO REAL
LOCALIZANDO-SE NO MAR

Antes da navegação por satélite, os marinheiros descobriam sua latitude usando um sextante, um dispositivo inteligente que mede ângulos entre objetos. O sextante ainda é usado hoje e também pode ajudar os marinheiros a calcular sua longitude, para que saibam exatamente onde estão no mundo.

RELÓGIO DE SOL

Ao longo do dia, o sol parece se mover no céu, mas na verdade é a Terra que está rodando. Acompanhando-a, as sombras lançadas por objetos também se movimentam. Com um relógio de sol, você pode usar essas sombras para saber a hora. É fácil fazer seu relógio de sol a partir de um canudo e um pedaço de papel. Em determinados locais, durante o inverno, o sol pode ficar baixo demais no céu, impedindo que o canudo faça sombra no papel.

O nascer do sol no leste.

LENDO O RELÓGIO DE SOL

Em alguns lugares do mundo existe o horário de verão, período em que os relógios são alterados para que haja mais tempo de claridade à noite. Nessa época, geralmente é preciso adicionar uma hora ao horário indicado no relógio de sol.

O relógio de sol mostra que são cerca de sete e meia da manhã.

COMO FAZER UM
RELÓGIO DE SOL

Primeiro, você vai precisar contornar ou tirar uma cópia de um dos moldes da página 140. Há um molde para uso no Hemisfério Norte e outro para o Sul; confira se está usando a versão correta. Se você não souber em que hemisfério mora, pergunte a um adulto. Você também terá que descobrir um número chamado latitude: você pode consultar alguém, pesquisar na internet ou fazer seu localizador de latitude para descobrir – consulte as páginas 128-133!

Tempo
15 minutos

Dificuldade
Média

MATERIAL

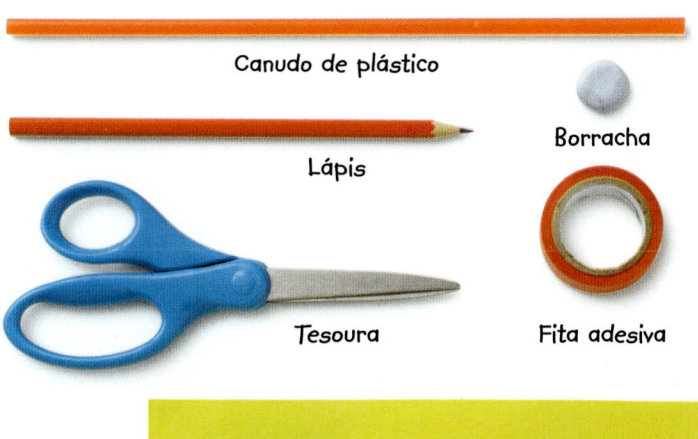

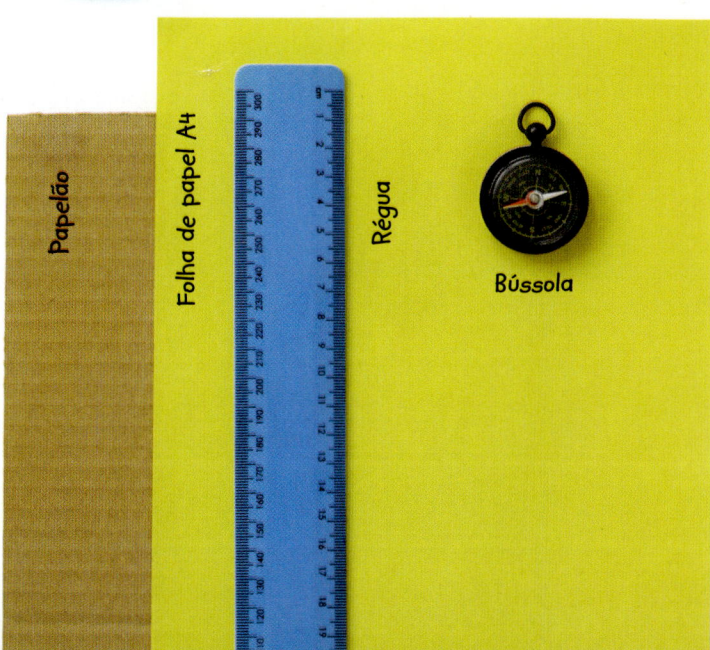

- Canudo de plástico
- Lápis
- Borracha
- Tesoura
- Fita adesiva
- Papelão
- Folha de papel A4
- Régua
- Bússola

A borracha ajuda a proteger a superfície de trabalho.

1 Confira se copiou o molde correto. Recorte-o e coloque uma borracha embaixo do ponto no alto do mostrador de horas. Fure o ponto com o lápis.

2 Encontre seu ângulo de latitude na escala de um dos lados do papel. Faça uma dobra neste ângulo (latitude de 50°, por exemplo).

136 TERRA E CÉU

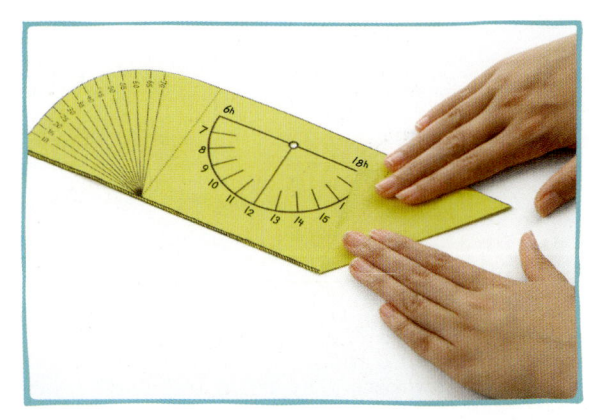

3 Vire o molde de cabeça para baixo e reforce a dobra que você criou. Repita os passos 2 e 3 para a escala na outra extremidade do papel.

4 Agora desfaça as dobras que você acabou de fazer e dobre as linhas retas pontilhadas dos dois lados do painel principal do relógio de sol.

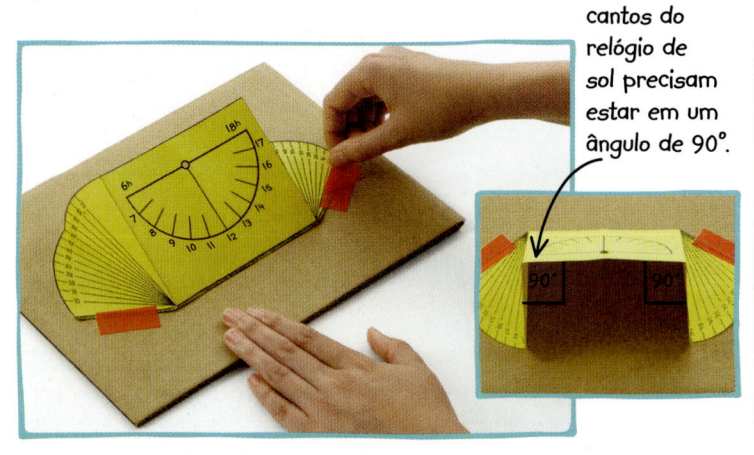

Os dois cantos do relógio de sol precisam estar em um ângulo de 90°.

5 Com fita adesiva, prenda o relógio de sol dobrado ao papelão. Certifique-se de que os cantos estejam na vertical.

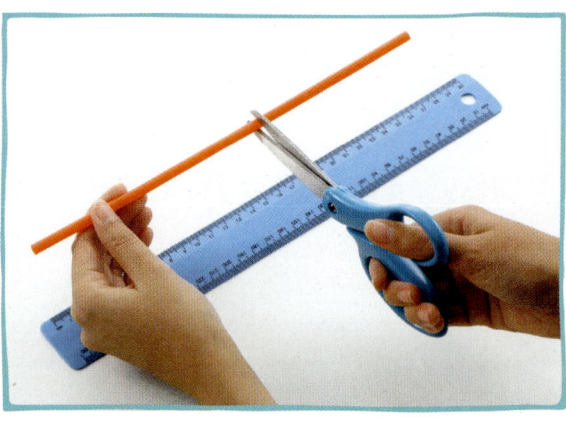

6 Corte um pedaço de canudo de aproximadamente 15 cm. Este será o "gnômon", a parte do relógio de sol que lança a sombra e mostra o horário.

Manter o papel e o canudo no lugar correto pode ser complicado. Se tiver dificuldade, peça ajuda a um adulto.

7 Com cuidado, passe o canudo pelo furo na frente do relógio de sol, de cima para baixo, em direção ao papelão. Ele deve estar perpendicular ao mostrador.

8 Prenda o canudo à base de papelão, tomando cuidado para que o mostrador continue plano e o canudo permaneça perpendicular a ele.

RELÓGIO DE SOL 137

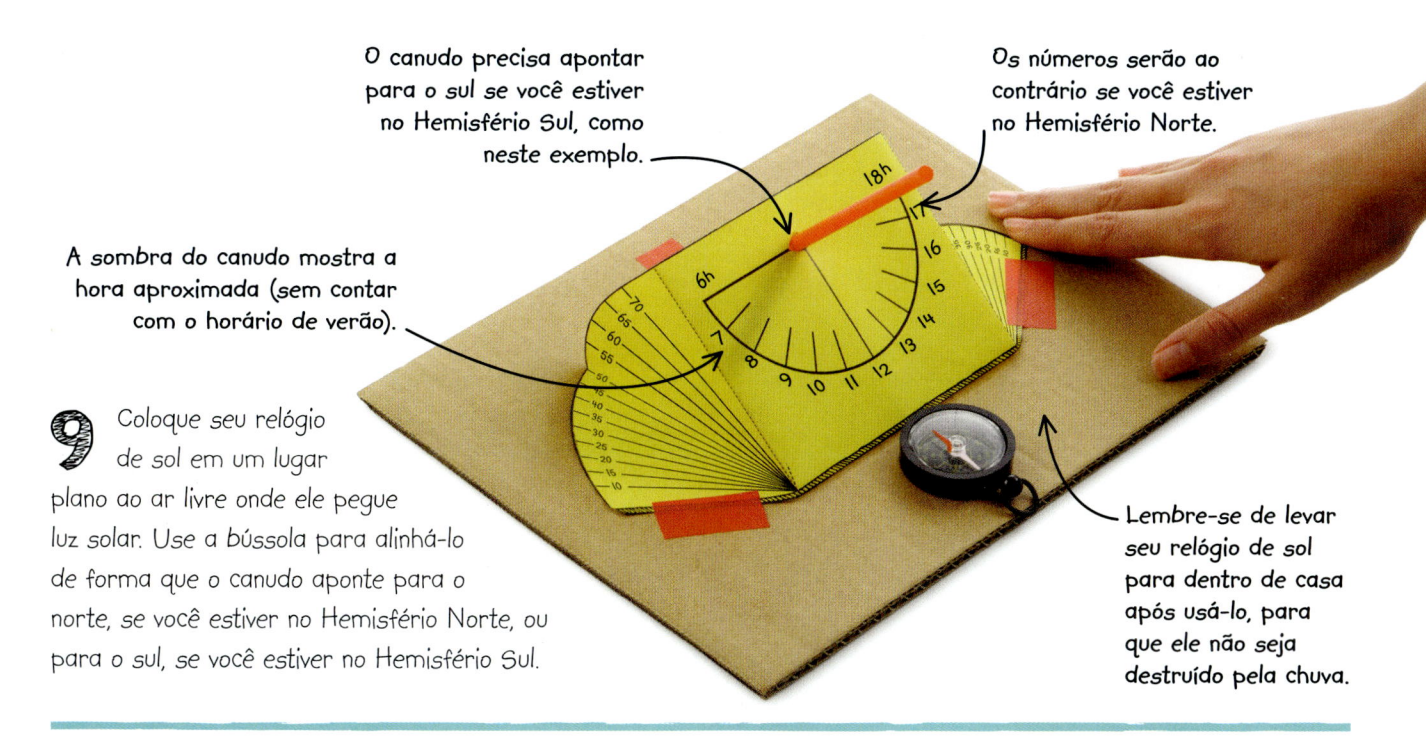

O canudo precisa apontar para o sul se você estiver no Hemisfério Sul, como neste exemplo.

Os números serão ao contrário se você estiver no Hemisfério Norte.

A sombra do canudo mostra a hora aproximada (sem contar com o horário de verão).

9 Coloque seu relógio de sol em um lugar plano ao ar livre onde ele pegue luz solar. Use a bússola para alinhá-lo de forma que o canudo aponte para o norte, se você estiver no Hemisfério Norte, ou para o sul, se você estiver no Hemisfério Sul.

Lembre-se de levar seu relógio de sol para dentro de casa após usá-lo, para que ele não seja destruído pela chuva.

COMO FUNCIONA

O planeta Terra está girando e, por isso, o sol parece se mover em nosso céu. Ele nasce na direção leste, ao meio-dia atinge seu ponto mais alto e depois se põe na oeste. A Terra leva 24 horas para fazer uma rotação completa (360°) – portanto, gira 15° por hora e as sombras criadas pelo sol se movem 15° por hora. As linhas nos relógios de sol ficam a 15° umas das outras, então o espaço entre cada linha representa uma hora.

HEMISFÉRIO NORTE

O sol se move 15° no céu a cada hora.

No Hemisfério Norte, o sol fica ao sul.

A sombra se move 15° por hora.

O canudo aponta para a direção norte.

HEMISFÉRIO SUL

O sol atinge o ponto mais alto ao meio-dia.

No Hemisfério Sul, o sol fica ao norte.

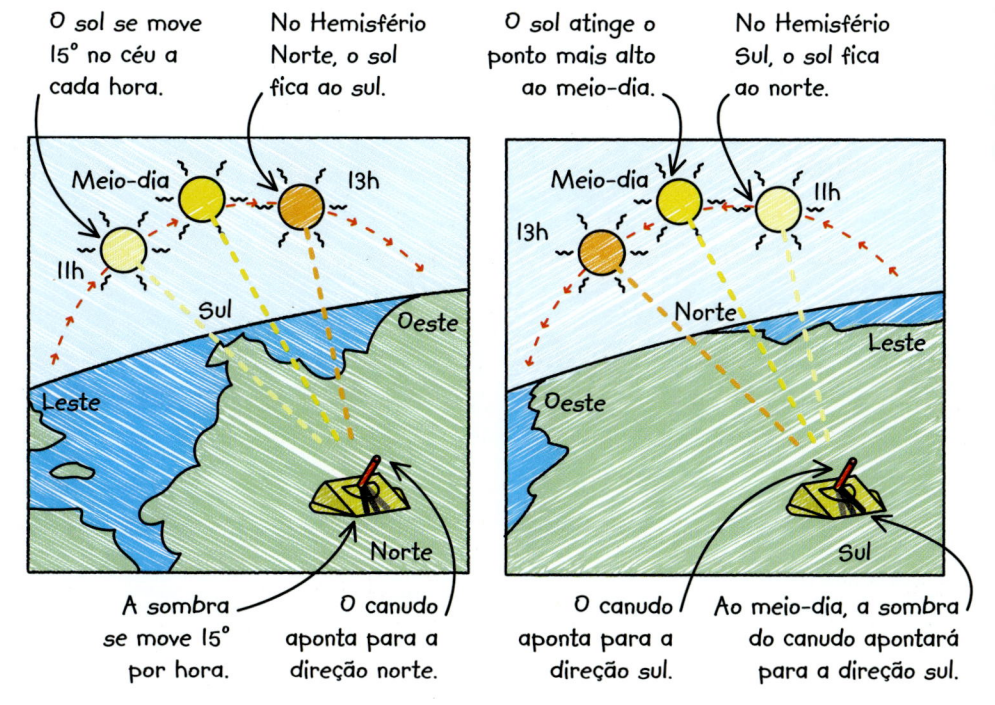

O canudo aponta para a direção sul.

Ao meio-dia, a sombra do canudo apontará para a direção sul.

CIÊNCIA DO MUNDO REAL
SOMBRAS

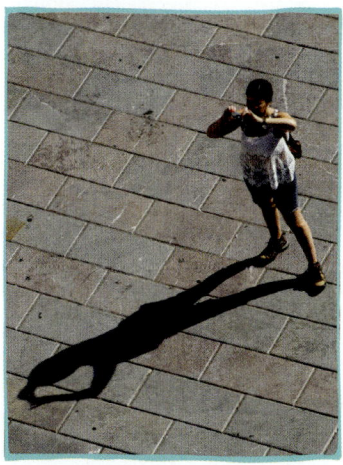

Sua sombra fica muito comprida logo após amanhecer e no crepúsculo, quando o sol está baixo no céu. O momento em que sua sombra fica mais curta é por volta do meio-dia. Se ficasse de pé na Linha do Equador ao meio-dia em um dia de março ou setembro, você não teria sombra alguma, porque o sol estaria exatamente acima da sua cabeça.

MOLDES

Estes são os moldes para o anemômetro, o helicóptero, o localizador de latitude e o relógio de sol. Você pode traçar as linhas em um pedaço de papel ou tirar uma cópia da página que for usar. Para o relógio de sol, confira se está usando o modelo correto – um é projetado para uso no Hemisfério Norte e o outro foi pensado para ser usado no Hemisfério Sul.

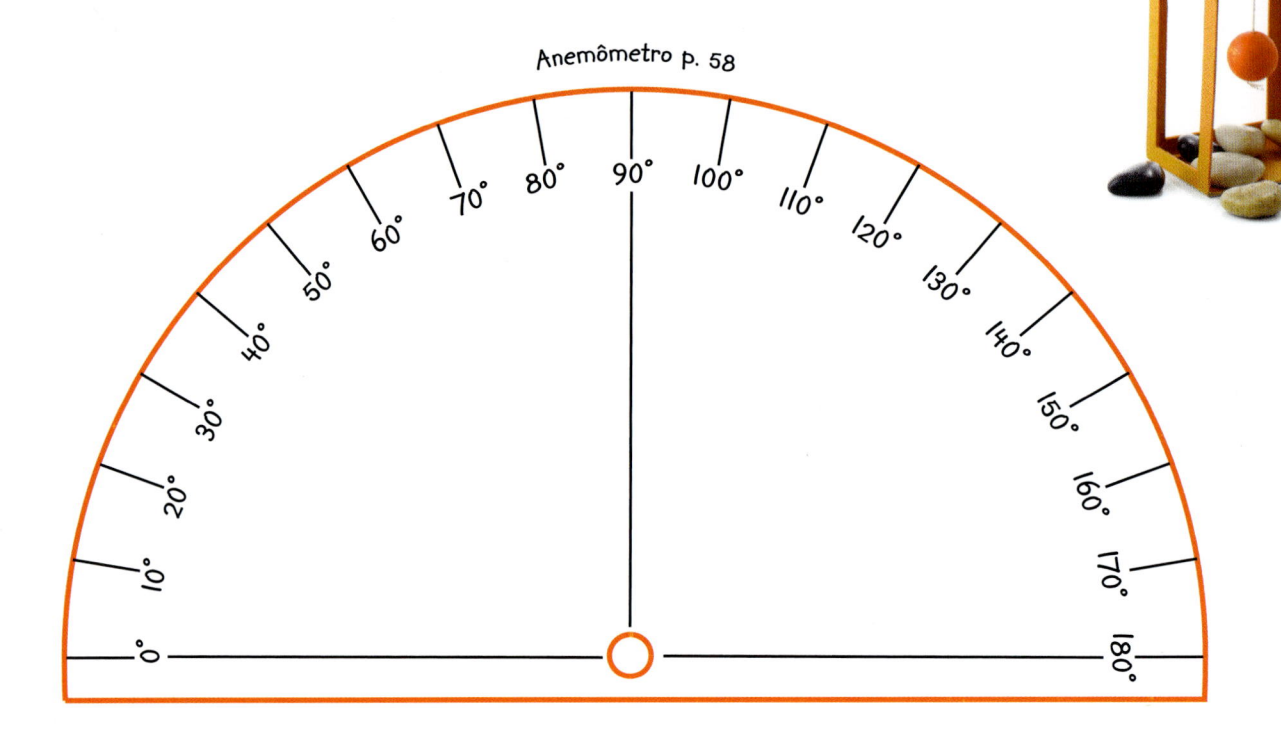

Anemômetro p. 58

Helicóptero rodopiante p. 104

MOLDES **139**

Localizador de latitude p. 128

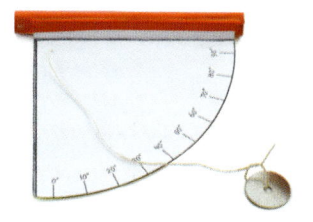

Dobre nesta linha pontilhada para fazer uma aba que prenderá o localizador ao visor.

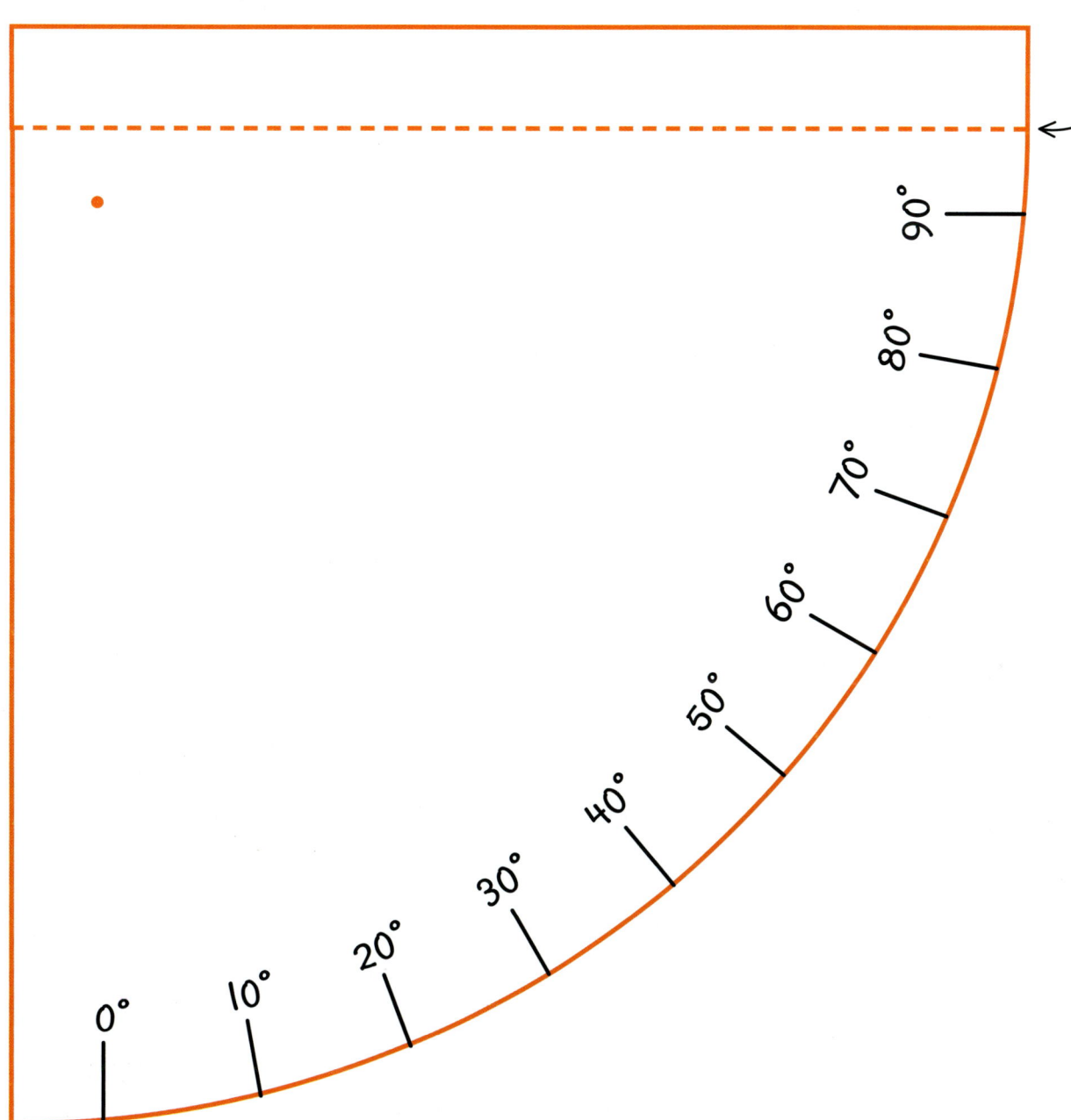

0° 10° 20° 30° 40° 50° 60° 70° 80° 90°

140 MOLDES

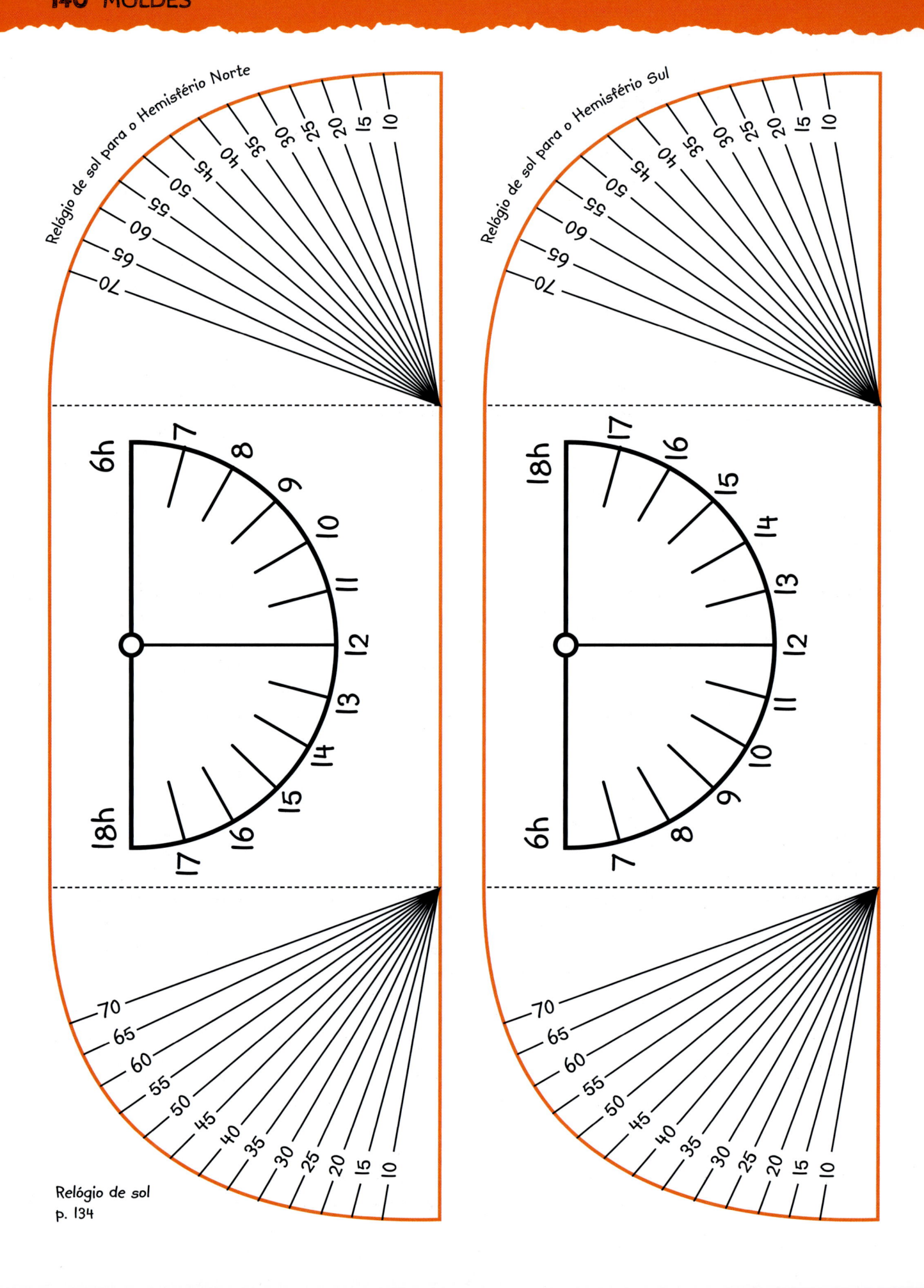

Relógio de sol para o Hemisfério Norte

Relógio de sol para o Hemisfério Sul

Relógio de sol
p. 134

GLOSSÁRIO

ANEMÔMETRO
Dispositivo usado pelos meteorologistas para medir a velocidade do vento, normalmente em quilômetros por hora ou milhas por hora.

BACTÉRIAS
Seres vivos pequenos demais para serem vistos sem um microscópio. Algumas bactérias são úteis (por exemplo, na fabricação de queijo), mas outras podem causar doenças ou provocar o apodrecimento dos alimentos.

BARÔMETRO
Dispositivo usado pelos meteorologistas para medir a pressão atmosférica.

CALIBRAÇÃO
Colocar números na escala de um dispositivo de medição, como um barômetro, para que você possa fazer leituras precisas em vez de apenas saber que uma situação é maior ou menor que outra.

CAMUFLAGEM
Forma de um objeto ou organismo se assemelhar ao ambiente em termos de cores ou padrões, tornando-o mais difícil ser visto. Muitos animais têm pelo ou pele camuflados que os ajudam a se esconder de predadores.

CÉLULA
A menor parte viva de um ser vivo. Todos os seres vivos são feitos de células. Alguns, como as bactérias, têm uma única, enquanto uma árvore é formada por trilhões delas, assim como você.

CELULOSE
Uma substância produzida pelas plantas que forma as paredes celulares delas e fortalece os pequenos tubos que carregam a água através do caule e até as folhas.

CILINDRO
Uma forma tridimensional que parece com um tubo. Um tambor é um cilindro.

COBERTURA MORTA ORGÂNICA
Folhas mortas e outros restos vegetais que se depositam no solo onde as plantas estão crescendo, protegendo-as.

COLOIDE
Se duas substâncias químicas se misturam bem mas não chegam a se dissolver, elas formam um coloide, que geralmente consiste em gotículas ou glóbulos de uma substância química dispersos em outra.

COMPOSTO
Uma substância que contém átomos quimicamente combinados de dois ou mais elementos diferentes.

CONTRAÇÃO
Quando algo se encurta. Músculos trabalham se contraindo e descontraindo.

CRISTAL
Um sólido com uma forma regular, frequentemente com faces planas e bordas retas, como um diamante. Cristais têm formas regulares porque seus átomos são organizados em um padrão de repetição.

DENSIDADE
Uma medida de quanta massa está presente em certo volume. As pedras são muito mais densas que a água, por exemplo.

EROSÃO
Desgaste. Rochas e solo podem ser erodidos pelo vento e pela chuva.

ESFÉRICO
Redondo como uma bola. Uma esfera é um objeto tridimensional.

FORÇA
Um empurrão ou um puxão. As forças mudam a forma como os objetos se movem, fazendo com que eles acelerem, diminuam a velocidade ou mudem de direção. Elas também podem mudar a forma de um objeto.

FUNGO
Um tipo de ser vivo, nem planta, nem animal, que se alimenta de matéria orgânica, decompondo-a. Cogumelos são a parte de certos fungos que cresce acima do solo.

GEOLOGIA
O estudo científico das partes sólidas da Terra, como rochas, solo e montanhas, e de como elas se formam.

GRAVIDADE
A força que mantém você no chão. A gravidade puxa tudo para baixo, em direção ao centro do nosso planeta, e dá peso às coisas.

HABITAT
Onde vivem os seres vivos.

HEMISFÉRIO
Metade de uma esfera. É usado em especial para descrever a metade do nosso planeta acima ou abaixo da Linha do Equador.

HIDROFÍLICO
Significa "que ama a água" e descreve uma das pontas da molécula de sabão que é atraída por moléculas de água.

GLOSSÁRIO

HIDROFÓBICO
Significa "que odeia a água" e descreve uma das pontas da molécula de sabão que é repelida pelas moléculas de água.

HIDROPONIA
Cultivo de plantas sem solo. As plantas cultivadas em hidroponia obtêm todos os nutrientes de que precisam na água. Normalmente, uma planta encontraria esses nutrientes no solo.

IMISCÍVEL
Significa "não misturável" e descreve dois materiais que não se misturam, como óleo e vinagre.

INTEMPERISMO
Conjunto das alterações que as rochas sofrem, quando expostas na superfície da Terra, por ação, por exemplo, da infiltração da água e seu congelamento.

ISOBÁRICA
Uma linha em um mapa meteorológico que une todos os lugares onde a pressão atmosférica é a mesma.

LATITUDE
Uma medida de quanto ao norte ou ao sul da Linha do Equador você está. A latitude da Linha do Equador é 0°, enquanto o Polo Norte tem uma latitude de +90° e o Polo Sul, de -90°.

LINHA DO EQUADOR
Uma linha imaginária ao redor da metade da Terra, a meio caminho entre o Polo Norte e o Polo Sul.

MASSA
Medida da quantidade de matéria (coisas) em um corpo.

METEOROLOGISTA
Cientista que estuda o clima; por exemplo, um profissional da previsão do tempo.

MICÉLIO
A parte principal de um fungo, feita de fios finos que ficam frequentemente escondidos.

MOLÉCULA
Uma minúscula partícula de matéria feita de dois ou mais átomos unidos. Por exemplo, a molécula de água é feita de dois átomos de hidrogênio unidos a um átomo de oxigênio (H_2O). Todas as moléculas de uma substância são idênticas.

MUCO
Solução viscosa produzida por seres vivos, feita de água e outras substâncias. No seu corpo, o muco ajuda a comida a deslizar pelo sistema digestório e captura bactérias no nariz, impedindo-as de alcançar os pulmões, por exemplo.

PELÍCULA DE SABÃO
A fina camada de água com sabão que forma o exterior de uma bolha de sabão.

PESO
A força para baixo em um objeto causada pela gravidade. Quanto mais massa um objeto tem, mais ele pesa.

PRESSÃO
A força do ar ou da água empurrando as coisas. A pressão do ar cai conforme você escala uma montanha e a pressão da água aumenta conforme você mergulha mais fundo no mar.

PRESSÃO ATMOSFÉRICA
A pressão do ar à sua volta, causada pelo peso da camada de ar ao redor do nosso planeta, chamada de atmosfera.

PROBÓSCIDE
Um tubo através do qual borboletas e outros insetos sugam seu alimento. Uma probóscide também pode ser um focinho ou uma tromba em mamíferos como elefantes.

RECICLAR
Fazer algo novo a partir dos materiais de algo que seria descartado. Plástico e metais são frequentemente transformados em novos itens.

ROTOR
Parte giratória de um helicóptero que produz uma força para cima chamada de sustentação conforme ele se move pelo ar.

SOLUÇÃO
Substância decomposta em moléculas ou átomos e completamente misturada às moléculas de um líquido – como ocorre quando o açúcar se dissolve na água.

SOLVENTE
Um líquido que dissolve coisas facilmente, formando soluções. Muitas vezes a palavra se refere a líquidos que evaporam rápido no ar, deixando para trás a substância que estava dissolvida nele.

UMIDADE
Uma medida de quanto vapor de água há no ar. Quando a umidade é alta, existem grandes possibilidades de chuva ou nevoeiro.

VAPOR DE ÁGUA
Ao evaporar, a água forma um gás invisível chamado de vapor de água.

VOLUME
Quantidade de espaço que algo ocupa, normalmente medida em mililitros, litros ou metros cúbicos.

VÓRTICE
Região de um líquido ou gás que está girando, como o turbilhão que se forma quando a água escoa pelo ralo. Você forma vórtices invisíveis toda vez que se move pelo ar.

AGRADECIMENTOS

A editora gostaria de agradecer às seguintes pessoas por sua assistência na preparação deste livro: NandKishor Acharya, Alex Lloyd, Syed MD Farhan, Pankaj Sharma e Smjilka Surla, pela assistência em design; Sam Atkinson, Bem Francon Davies, Sarah MacLeod e Sophie Parkes, pela assistência editorial; Steve Crozier, pelo retoque das fotos; Sean Ross, pelas ilustrações adicionais; Jemma Westing, por testar os experimentos; Victoria Pyke, pela revisão; Caleb Gilbert, Hayden Gilbert, Molly Greenfield, Nadine King, Kit Lane, Helen Leech, Sophie Parkes, Rosie Peet e Abi Wright, pela modelagem.

A editora gostaria de agradecer às seguintes instituições pela gentil permissão para reproduzir suas fotografias:

(Legenda: a- acima; b- abaixo/rodapé; c- centro; e- esquerda; d- direita; t- topo)

15 **Alamy Stock Photo:** Prime Ministers Office (bd). 19 **naturepl.com:** Adrian Davies (bd). 25 **Alamy Stock Photo:** Jeff Gynane (td). 31 **Alamy Stock Photo:** Science History Images (bc). 35 **Getty Images:** Mmdi (cdb). 39 **Getty Images:** Bloomberg (cdb). 43 **Alamy Stock Photo:** Mira (be). 49 **123RF.com:** Adrian Hillman (be). 53 **Alamy Stock Photo:** Joel Douillet (be). 57 **Alamy Stock Photo:** YAY Media AS (bc). 65 **Depositphotos Inc:** flypix (be). 71 **123RF.com:** bjul (cdb). 76 **Shutterstock:** Just dance (fita métrica). 79 **Alamy Stock Photo:** Nature Photographers Ltd (bd). 85 **Alamy Stock Photo:** RGB Ventures / SuperStock (t). 86 **Shutterstock:** Yellow Cat (mão com jarra de água e copo). 89 **Anatoly Beloshchin:** (cdb). 97 **Dreamstime.com:** Maria Medvedeva (cd). 101 **Alamy Stock Photo:** NOAA (bc). 107 **123RF.com:** aleksanderdn (cdb). 115 **123RF.com:** epicstockmedia (be). 121 **Ardea:** Augusto Leandro Stanzani (bd). 127 **Alamy Stock Photo:** Dafinchi (be). 133 **Alamy Stock Photo:** Dino Fracchia (cdb). 137 **Alamy Stock Photo:** Sergio Azenha (cdb)

Todas as outras imagens: © Dorling Kindersley

Para mais informações acesse: www.dkimages.com

CONHEÇA OS LIVROS DO MANUAL DO MUNDO

50 experimentos para fazer em casa

Dúvida cruel

Dúvida cruel 2

Almanaque do Manual do Mundo Mini

Desenhe 50 animais com o Manual do Mundo

Experimentos ao ar livre com o Manual do Mundo

Guia de sobrevivência na natureza

Coleção: O GRANDE LIVRO

O Grande Livro de Ciências do Manual do Mundo

O Grande Livro de História do Manual do Mundo

O Grande Livro de Matemática do Manual do Mundo

O Grande Livro de Química do Manual do Mundo

Coleção: BRINCANDO DE APRENDER COM O MANUAL DO MUNDO

Livro de coisas divertidas para encontrar e colorir

Meu caderno de atividades do corpo humano

Meu primeiro caderno de atividades

Meu caderno de atividades de matemática

Meu caderno de atividades do jardim de infância

Caligrafia para crianças: letra cursiva

Caligrafia para crianças: letra de fôrma

Primeiros passos para escrever letras e números

Mais coisas divertidas para encontrar e colorir

sextante.com.br